Heimatkunde
Dresden

Jens Wonneberger

Heimatkunde

Dresden

cadeau

1. Auflage 2009

Copyright © 2009

by Hoffmann und Campe Verlag, Hamburg

www.hoca.de

Typografie und Satz:

Farnschläder & Mahlstedt, Hamburg

Gesetzt aus der Adobe Jenson Pro

Druck und Bindung: GGP Media GmbH, Pößneck

Printed in Germany

ISBN 978-3-455-38067-5

HOFFMANN
UND CAMPE

Ein Unternehmen der
GANSKE VERLAGSGRUPPE

Inhalt

1. Eine Annäherung
oder
Auf der Suche
nach mildernden Umständen

7

2. Bau auf, bau auf
oder
Häuser und ihre Geschichten

27

3. Szenen aus der Szene
oder
Dresdens Bunte Republik

59

4. Gustel von Blasewitz
oder
Menschen, Tiere, Sensationen
79

5. Russisch Brot
oder
Von gläsernen Frauen
und anderen blauen Wundern
III

6. Malerwege und Treidelpfade
oder
Dresdens feierliche Lage
131

7. War da noch was?
oder
Ein schwarzer Abgesang
143

Register
151

Eine Annäherung oder
Auf der Suche
nach mildernden Umständen

Als Kind hatte ich manchmal den Verdacht, dass es Dresden gar nicht gibt. Ich wohnte damals mit meinen Eltern und Großeltern in einem Dorf gut dreißig Kilometer östlich jener Gegend, in der die Stadt hinter sanften Hügeln und Wäldern zu vermuten war, und immer wieder wurde mir erzählt, dass man vom Dachfenster unseres Hauses in der Nacht des 13. Februar 1945, der Nacht von Faschingsdienstag auf Aschermittwoch, den Lichtschein des brennenden Dresden habe sehen können und dass noch Tage später die Reste verkohlten Papiers wie schwarzer Schnee auf das Haus herabgerieselt seien. Die Großeltern waren seltsam erregt und sprachen sogar von Christbäumen, die angeblich den Himmel erleuchtet hätten und dabei ganz langsam herabgesunken seien, aber ich hatte damals schon den Verdacht, auch den Weihnachtsmann könne es nicht geben. Dazu kam, dass der Bücherschrank, ein riesiges Monstrum aus Eichenholz mit schweren Türen aus geschliffenem Glas, mit kunstvoll gedrechselten Säulen und raffiniert gewundenen Messinggriffen, den Flüchtlinge rechtzeitig vor der Bombardierung in Sicherheit gebracht und bei uns auf dem Land untergestellt hatten, entgegen der Absprache nie abgeholt worden war. Der Schrank, in dem dann in der hintersten Ecke des Dachbodens jahrelang die leeren Einweckgläser staubfrei auf die nächste Ernte warteten, steht noch heute in meinem Arbeitszimmer, ein Relikt des Dresdner Bürgertums aus der Zeit der vorletzten Jahrhundertwende.

Es schien also klar, Dresden gab es nicht mehr, Dresden war Vergangenheit, es war ein Mythos. Bei uns kam nicht einmal der berühmte Christstollen aus Dresden, weil die Frauen damals noch jedes Jahr einige Wochen vor Weihnachten mit einem Handwagen voller Zutaten zum Bäcker zogen, der neben der Backstube auch eine Heißmangel betrieb. Vielleicht nahmen sie deshalb aus Gewohnheit den Wäschekorb, um die noch warmen Stollen am nächsten Tag wieder abzuholen, es waren aber auch gewaltige Mengen, womöglich waren sie sogar mit den gleichen Zutaten gebacken worden, die in Dresden, wie ich heute weiß, als streng geheim gelten. Aber es war eben kein Dresdner Stollen, denn es fehlte ihm das Zertifikat, das ja das Wichtigste am Dresdner Stollen zu sein scheint, weshalb der Schutzverband Dresdner Stollen den Dresdner Christstollen unter der Registriernummer 262 949 hat schützen lassen, und zwar europaweit. Dafür steckte in jedem unserer Stollen ein kleines Blechschild mit unserem Namen, Verwechslungen sollten ausgeschlossen werden, auch wir hatten unsere Geheimnisse. Geschützt aber waren die Stollen zum Glück nicht, weder von einem Schutzverband noch von einer jener *Goldenen Regeln für den Dresdner Stollenbäcker*, der zufolge man sich nicht nur beim Backen, sondern auch für den Verzehr eines Stollens Zeit lassen soll. Ich dagegen aß ihn ungemein schnell, denn ich hatte Geschwister, und der Stollen meiner Kindheit war der beste, den ich je gegessen habe, obwohl er, wie gesagt, kein echter Dresdner Stollen war.

Das Fach Heimatkunde setzte meinem kindlichen Verdacht dann an der Polytechnischen Oberschule harte Tatsachen entgegen. Dresden, so wurde da behauptet, gebe es, es sei sogar Bezirkshauptstadt, habe eine Einwohnerzahl, eine konkrete geographische Lage mit nördlicher Breite, östlicher Länge und einer Höhe über Normalnull, es habe einige sogenannte Sehenswürdigkeiten, die sogar weltberühmt seien, und noch jede Menge anderer polytechnischer Fakten. Die meisten davon habe ich vergessen, sie stimmen vermutlich nicht mehr, denn Dresden hat auch eine Geschichte. Viel greifbarer als alle Fakten aber war damals für mich ein kleines Tintenfass. Ich besaß noch keinen Patronenfüller, das mochte an der Dorfschule liegen oder am Starrsinn meiner Eltern, vielleicht war er auch noch gar nicht erfunden, jedenfalls tauchte man das Schreibgerät, um es, wenn es leer war, zu füllen, in ein Glasfläschchen, das vorn und hinten abgeflacht, an den Seiten aber bauchig war und auf dem unter der stilisierten Abbildung des Kronentors vom Dresdner Zwinger, das zu erkennen hatte ich immerhin schon gelernt, das Wort *Barock* stand. Es war ein Wort, von dessen Bedeutung meine von Bauernhöfen und Schweineställen verwilderte Phantasie keine Vorstellung hatte, aber es war in geschwungener Schnörkelschrift geschrieben, die so schön und altertümlich war, dass wir sie nicht einmal mehr im Schönschreibunterricht verwenden durften, der selbst nur noch ein Relikt aus einer längst vergangenen Zeit war. Nach jeder Füllung waren meine Fingerkuppen blau von der Tinte der Dresdner Firma Barock.

So hatte ich, ohne es zu wissen, noch bevor ich die Stadt zum ersten Mal sah, einige wichtige Vokabeln der Dresdner Heimatkunde gelernt: Vergangenheit, Barock und 13. Februar. Manchmal aber, wenn wir auf den Berg stiegen, an dessen Hang das Dorf meiner Kindheit liegt, konnte man bei günstigem Wetter bis zum Dresdner Fernsehturm sehen. Während die in die Jahre gekomme-

nen Walache des letzten Pferdegespanns auf der Dorf-
straße äpfelten, starrten wir ergriffen in die Ferne. Dort
stand er im Dunst, der damals meist über dem Elbtal
hing, ein dünner Strich nur, nah an der Abbruchkante, ein
ausgestreckter Zeigefinger und doch nicht abschreckend,
eine Fata Morgana vielleicht, aber so real, den Sehnsüch-
ten eines Jugendlichen vom Land ein Ziel zu geben: einmal in diese moderne Großstadt ziehen.

Inzwischen lebe ich in Dresden, seit dreißig Jahren
schon, und der Verdacht, es könne die Stadt nicht geben, ist damit gründlich ausgeräumt, auch wenn die von
mir und vielen anderen Bewohnern lange Zeit vertre-
tene Ansicht, es handle sich dabei um eine einzigartige
Stadt, kürzlich einen Dämpfer erfuhr. Es gibt nämlich, so
hat ein Dresdner recherchiert, über dreißig urbane und
geographische Orte in aller Welt, die den Namen Dresden tragen, 26 davon allein in Amerika! Sicher war es
nicht Ziel der Nachforschungen, Dresden zu einer Aller-
weltsgemeinde zu machen, denn der Dresdner ist stolz
auf seine Stadt und setzt ganz selbstverständlich voraus, auch außerhalb des Elbtals müsse die Schönheit der
Stadt als unumstößliches Faktum gelten. Viel eher sollte
wohl auf die Gemeinde der stolzen Dresden-Jünger in
aller Welt und deren Heimatverbundenheit verwiesen
werden, aber damit geht eben auch die Tatsache einher,
dass viele Dresdner irgendwann ausgewandert sind. Sie

werden ihre Gründe gehabt haben. Doch wie die vielen Dichter, die Dresden in den letzten Jahrzehnten verlassen haben und die Stadt an der Elbe auch an der Spree, der Ilm oder am Rhein nicht aus ihren Texten bekommen, beharrten die Siedler in der Neuen Welt auf dem alten Namen. Sogar ein böhmisches Dorf soll den Namen Dresden getragen haben, Skepsis ist also auch weiterhin angezeigt. Und manchmal befällt mich tatsächlich noch immer der Verdacht, es könnte Dresden nicht wirklich geben. Auf dem Neumarkt in der Altstadt zum Beispiel, der sich historisch nennt und über dessen originalgetreuen Historismus ein eingetragener Verein aufs strengste wacht. Er möchte gern das Herz der Stadt sein, aber mit seinen neu gebauten Barockhäusern rund um die mit Hilfe von Spenden aus aller Welt wiederaufgebaute Frauenkirche wirkt er wie eine schöne Kulisse, vor die sich jeden Moment ein Plüschvorhang senken könnte. Oder wie jene wertvolle historische Puppenstube, die auf unserem Dachboden stand und die ich als Kind oft bestaunte, mit der ich aber nicht spielen durfte. Auch der Dresdner Neumarkt gilt als einzigartig, doch hinter den Fassaden des Quartiers F sieht es aus wie auf dem Leipziger Hauptbahnhof oder in einem Einkaufszentrum am Stadtrand von Chemnitz. Trotzdem, die Neumarktbebauung war und ist eine Glaubensfrage. So schlugen auch die Wellen der Ablehnung hoch, als die Stadt dort ein neues Gewandhaus bauen wollte, und zwar tatsächlich als modernen Neubau, weil das Original schon 1760 von den Preußen zerstört und die Ruine ein Jahr später abgebrochen worden war. Um die ob dieses Sakrilegs aufgebrachten Gemüter wenigstens einigermaßen zu beruhigen, kam man auf die Idee, vorerst ein temporäres Baugerüst mit Stoffplanen zu behängen. Man sollte sehen, was man ablehnte. Dieser potemkinsche Probebau scheiterte letztlich an der Finanzierung, was gerade für Dresden eine Peinlichkeit ist, hatten doch 1894 die Dresdner Verleger Eugen Friedrich Friese und Jesco Leo Constantin von Puttkamer die ersten in Buchform zusammenklappbaren Modelle von Bauwerken entwickelt, damit Kinder damit spielen können. Aber auch in Dresden haben Traditionen wohl ihre Grenzen.

Wie gesagt, ich lebe in Dresden, trotzdem steht die Frage, ob ich, nur weil ich in Dresden lebe, ein richtiger Dresdner bin. Denn in Dresden gibt es Dresdner und geborene Dresdner. Wenn jemand einen Satz mit den Worten »Ich als geborener Dresdner …« beginnt, ist Vorsicht geboten. Dann weiß man, dass Argumente nicht zählen, denn die geborenen Dresdner verweisen mit diesem Umstand ihrer Herkunft auf ein naturgegebenes Privileg, eine Art Qualifikation, die durch nichts aufzuwiegen ist und die Befähigung des Neudresdners, in dresdenrelevanten Fragen überhaupt mitreden oder gar entscheiden zu können, von vornherein in Zweifel zieht. »Ich als geborener Dresdner ...«, so beginnen immer wieder Leserbriefe in regionalen Zeitungen; was dann folgt, ist nicht selten die Manifestation eines Rechtsanspruchs auf Belehrung und guten Geschmack sowie ein unverbrüchlicher Liebesbeweis zur Geburtsstadt. Meist muss das alles gar nicht ausgesprochen werden, es reichen allein die vier Wörter, und das Feld ist abgesteckt. Ich als geborener Dresdner, Punkt. Dass die dann geäußerten Meinungen sich zuweilen diametral gegenüberstehen, sollte indes niemanden verwundern. Wenn es in der Welt dreißig Mal Dresden gibt, warum dann nicht in Dresden dreißig Meinungen zum gleichen Problem? Und Probleme gibt es immer. Soll man eine neue Brücke bauen oder nicht? Ist der Welterbetitel für das Dresdner Elbtal verzichtbar oder bewahrenswert? Darf Daniel Libeskind ein dekonstruktivistisches Glashaus an die Hauptstraße setzen und einen Keil ins Militärhistorische Museum treiben? Braucht die Stadt ein neues Operettenhaus, und wenn ja, wo soll es stehen? Darf die neue Fluchttreppe am Stadtmuseum aussehen wie die Kulisse zu einem expressionistischen Film? Und was soll aus dem Kulturpalast werden? In Dresden ist jedes Bauvorhaben ein öffentliches Problem, ein Prüfstein und eine Überlebensfrage der Demokratie, und wenn gerade mal nichts gebaut werden soll, streitet man darüber, wie viele Opfer die angloamerikanische Bombardierung im Februar 1945 nun wirklich gefordert hat oder ob damals auch Tiefflieger zum Einsatz kamen oder nicht.

Um diesen teils emotional, teils mit ideologischem Kalkül geführten Streit um die Opferzahl zu beenden, wurde 2004 eine Historikerkommission einberufen, die nach vierjähriger wissenschaftlich fundierter und interdisziplinärer Arbeit eine Zahl zwischen 18 000 und 25 000 ermittelte. Natürlich gab es zornige Leserbriefe, als diese Zahl publik wurde – nicht jeder Historiker ist ein geborener Dresdner, und vielleicht, wurde gemutmaßt, stehen manche sogar bei den Angloamerikanern im Sold. Außerdem hatten jahrzehntelang verschiedene Quellen zum Teil mit einer zehnmal höheren Zahl operiert. Die Neonazis sprechen noch heute vom »Bomben-Holocaust«, wenn sie sich am 13. Februar scheinheilig zu einem Trauermarsch zusammenrotten und manchen CDU-Politiker vor die Frage stellen, ob er sich am Protest gegen einen der größten Naziaufmärsche in Europa beteiligen darf, wenn auch Die Linke und die Gewerkschaft protestieren. Die jungen Autonomen kontern die Trauer kaltschnäuzig mit dem Pauschalurteil von der gerechten Strafe. Da sind mir die Leserbriefschreiber dann doch lieber, jene Dresdner, deren persönliche Betroffenheit jedes sachliche Argument aus dem Feld schlägt und deren private Schicksalsgeschichten keiner Historikerkommission bedürfen. Für

ihre Erinnerungen haben viele Dresdner einen Dauerauf-
trag. Es spricht für sie, dass sie den Aufmarsch der Rechten jedes Jahr mit einer noch größeren Gegendemonstra-
tion beantworten.

Bald nach dem Krieg wurden aus den geborenen Dresdnern, die überlebt hatten, DDR-Bürger, weshalb heute, da
es die DDR längst nicht mehr gibt, manche Leserbriefe
mit den Worten »Ich als gelernter DDR-Bürger ...« beginnen. Man sieht, manches fällt einem zu, anderes muss
man sich hart erarbeiten. Doch so gern sich mancher geborene Dresdner mit trotzigem Stolz als gelernter DDR-
Bürger bezeichnet, einen gelernten Dresdner betrachtet
er mit Argwohn. Der kann nur auf mildernde Umstände
hoffen. Mäzenatentum zum Beispiel kann als mildern-
der Umstand gelten, vorausgesetzt, es paart sich, wie im
Fall des Nobelpreisträgers Günter Blobel, mit einer dem
Auge des geborenen Dresdners schmeichelnden Ästhetik.

Was aber habe ich an mildernden Umständen vorzu-
bringen, wenn ich mich jetzt ermächtige, eine Heimatkunde von Dresden zu schreiben? Reicht es aus, dass ich
zwar nicht mehr den späteren Bundestrainer Helmut
Schön beim Dresdner Sportclub 1898, aber doch wenigstens noch mit eigenen Augen den legendären Dresdner
Dynamo-Kreisel sah, mit dem die Schwarz-Gelben in
den siebziger Jahren die Konkurrenz in der DDR-Fuß-

balloberliga schwindelig spielten, und die ehrliche Wut beteuere, mit der ich – ich war noch ziemlich jung – dem meistgehassten aller Gegner, dem Berliner Fußballclub, ein »Scheiß BFC« entgegenbrüllte? Immerhin, da ist sie wieder, die glorreiche Vergangenheit, als man auch in Dresden Fußball noch in seiner erfolgreichen Variante spielte. Im neuen Jahrtausend sind wir mehrfache »Weltmeister über 10 Tänze« und Ostdeutscher Meister im Unterwasserrugby, und man weiß nicht, ob man sich mehr über die Existenz dieser Sportarten oder die Tatsache wundern soll, dass es im Unterwasserrugby auch im 21. Jahrhundert noch Ostdeutsche Meisterschaften gibt. Manche haben den Kopf noch immer unter Wasser und lernen einfach nicht dazu. Der DSC, immerhin Fußballmeister der Jahre 1943 und '44, kickt derzeit in der Bezirksklasse, Dynamo immerhin in der dritten Liga und hat dafür ein schickes neues Stadion bekommen, um dessen Nutzungsrechte der Verein mit der Stadt so heftig stritt, dass die Fußballer schon damit drohten, ihre Heimspiele in Leipzig auszutragen. Der echte Fan freilich hätte wohl alles verziehen und wäre jederzeit bereit gewesen, mildernde Umstände anzuerkennen.

Reicht es aber für mich und mein Vorhaben aus, dass ich nie jenes »e« zu viel verwendete, mit dem mancher ahnungslose Zugereiste, meist sind es bayerische Landsleute, am Zeitungskiosk nach den *Dresdener Neuesten*

Nachrichten verlangt, und dass Fritz Löfflers *Das alte Dresden*, die Bibel aller traditionsbewussten Dresden-Liebhaber, auch in meinem Bücherschrank steht? In einem Dresdner Bücherschrank sogar!

Ist den Zweiflern Genüge getan, wenn ich versichere, damals, im Jahr 1987, nein, nicht mitgetan – ich finde, auch Heimatliebe und Lokalpatriotismus sollten ihre Grenzen haben –, aber wenigstens danebengestanden zu haben, als ein Bekannter an der Heckscheibe seines Trabants trotzig ein Schild mit der Aufschrift *780 Jahre Dresden* anbrachte, weil man in Berlin, damals noch Hauptstadt der DDR, gerade großspurig das 750. Gründungsjahr feierte?

Außerdem schwöre ich, in den letzten Jahren beinahe jede Statistik und jede Rangliste gelesen zu haben, nach der Dresden Jahr für Jahr ein Stück nach oben klettert, oft sogar bis an die Spitze, ganz gleich, ob es um Lebensqualität geht, um die Bibliotheksbewertung oder um verkaufte Theaterkarten je Einwohner, um die Beliebtheit der Stadt als Reiseziel oder das Dynamik-Ranking der Wirtschaft. Einigen dieser Statistiken, das kann ich versichern, habe ich sogar geglaubt, weil sie sich mit meinen Erfahrungen decken.

Sollte das alles aber zu meiner Legitimation nicht reichen, bleibt mir nur, den letzten sächsischen König Friedrich August III. oder wenigstens die über ihn verbreitete Legende zu zitieren. Bei seiner Abdankung im November 1918 soll der schmollende Herrscher nämlich gesagt haben: »Machd doch euern Dregg alleene!«

Verzeihung, das ist mir jetzt so rausgerutscht. Aber da es nun einmal draußen ist, will ich dieses heikle Thema ganz schnell abhaken. Die Dresdner und ihre Sprache. Nennen wir sie der Einfachheit halber Sächsisch, was natürlich eine grobe Vereinfachung ist, etwa so, als sage man zum Dresdner Stollen Dauerbackware. Im Fernsehen wird ja sächsisch heute meist von den Deppen gesprochen. Oder wirken sie nur wegen der Sprache so? Egal, man muss diese Sprache verteidigen. Aber wie? Ich könnte es mir einfach machen und auf Martin Luther verweisen, der sich bei seiner Bibelübersetzung des »Meißner Kanzleideutschs« bediente, also, wenn man so will, einer sächsischen Sprache. Aber dort heißt es eben »wahrlich, ich sage euch« und nicht »nu freilich, ich sah-che euch«. Sagen wir es also so: Den Sachsen ging es bei Luther mehr um die Inhalte, sie wurden mehrheitlich protestantisch. Und die Sprache? Die Sprache ist nicht besser oder schlechter als anderswo, sie ist nur anders als anderswo, und, Hand aufs Herz, es wäre doch schlimm, wenn das anders wäre. Vor allem ist sie bildhaft und phonetisch exakt. Wenn meine Großmutter zum Beispiel mit mir über eine Wiese lief und plötzlich rief: »Mensch, Junge, latsche ne in den Kuhbläbbsch!«, dann brauchte ich gar nicht hinzusehen, ich hatte sofort ein Bild vor Augen und wusste, was gemeint war, ja, ich konnte mir sogar allein durch den Klang des Wortes den vorangegangenen Vorgang vorstellen. Außerdem folgt das Sächsische einer überaus sympathischen Grundregel: Der Weiche siegt über den Harten! Das sollte Schule machen, gilt aber leider selbst in Sachsen nur für die Konsonanten. Zugegeben, man kann das auch anders sehen. Franz Grillparzer hat es in Dresden anders gehört. *Die Sprache dieser Leute beleidigt mein Ohr. Ein Österreicher kann in seinem Jargon einem Fremden bäuerisch vorkommen, die Sprache dieser Leute aber ist unleidlich. Sie ist unmännlich, geckenhaft, wie von und für Kopflose. Alle scharf denkenden und lebhaft fühlenden Nationen sprechen nicht sowohl schnell (das tun die Sachsen im Übermaß) als abbreviert. Sie ziehen zusammen, verschlucken einen Teil der Buchstaben …; die Leute hier dehnen jede Silbe, verlängern jedes Wort, hängen überall ein Lieblings-E an, so daß ihre Sprache endlich ein förmliches Mäh, Mäh von Schafen wird.* Das ist böse und wird auch eingedenk des Wiener Schmähs nicht freundlicher. Keine mildernden Umstände für Grillparzer! Dem kann man nur die Meinung eines Landsmanns entgegenhalten, in diesem Fall Stefan Zweigs launischen Kartengruß: *Lieber Dresden im Regen als Wien bei Sonne!*

Und wie sind sie sonst so, die Dresdner? Um ehrlich zu sein, ich weiß es nicht genau. Ehrlich sind sie also schon mal. Die Statistiker wissen es genauer. Der Durchschnittsdresdner ist 43 Jahre alt und mit leicht erhöhter Wahrscheinlichkeit weiblich. Der Durchschnittsdresdner ist also eine Frau, geht im Jahr 1,57 Mal in ein Stadt- oder Staatstheater und trägt eine Armbanduhr mit einem Originalsteinchen der Frauenkirche. Er ist etwas Besonderes, vielleicht sogar von Geburt an. Seit ich in letzter Zeit vermehrt über Spekulationen gelesen habe, es könne ein Glaubens-Gen geben, habe ich manchmal den Verdacht, es müsse auch ein Dresden-Gen geben. Die Dresdner können also nichts dafür, es ist ihnen in die Wiege gelegt. Manche behaupten, sie seien besonders nett und freundlich. Zwingen Sie mich bitte nicht, dafür Gegenbeweise beizubringen, auch nicht in Sachen Ehrlichkeit, es geht schließlich um mildernde Umstände, da muss man auch ein bisschen flunkern. Man kann die Dresdner auch bescheiden nennen, abgesehen von jenen vielleicht, die, falls das überhaupt Dresdner waren, jüngst beschlossen haben, den Flughafen Dresden in »Dresden International« umzubenennen, obwohl es kaum Direkt- verbindungen ins Ausland gibt. Das wäre vielleicht anders gekommen, wäre das erste deutsche Strahlenver- kehrsflugzeug mit dem merkwürdigen Namen B 152 nicht, diesmal von meinen Großeltern unbemerkt, bei seinem zweiten Testflug 1959 in der Nähe des Flughafens Dres- den-Klotzsche abgestürzt und damit alle Entwicklungs- pläne des DDR-Flugzeugbaus jäh beendet worden. Aber das ist eine andere Geschichte, wir waren bei der Bescheidenheit der Dresdner. Und die kann man sogar beweisen. Mit der ihnen zu Recht nachgesagten Freundlichkeit und Nettigkeit würden sie nie prahlen, sie sind nur manchmal verwundert, wenn sie auf Menschen treffen, denen sie die gleiche Freundlichkeit und Nettigkeit zugestehen müssen, obwohl diese zum Beispiel aus Berlin oder gar aus Bayern oder Schwaben kommen. Aber sie sind ja zum Glück auch tolerant. Und hilfsbereit, wenn es ihnen möglich ist. Der russische Schriftsteller Fjodor Michailowitsch Dostojewski und der Leipziger Humorist Hans Reimann erzählen diesbezüglich jedenfalls eine ähnliche Geschichte. Beide zugereist und ortsunkundig, fragen in Dresden nach dem Weg zu einem bestimmten Ort und werden vom jeweils Befragten sofort in ein längeres Gespräch verwickelt. Ein Wort gibt das andere, man preist die Schönheiten der Stadt im Allgemeinen und die des gesuchten Ortes im Besonderen, bis sich am Ende herausstellt, dass auch der Einheimische den gesuchten Weg leider nicht kennt. Zu DDR-Zeiten hielt man die Dresdner für ahnungslos, bloß weil sie in ihrem schönen Tal trotz ihres Fernsehturms kein Westfernsehen empfangen konnten. Das ist lange her, heute würde man wohl keinem mehr Ahnungslosigkeit unterstellen, wenn er auf das Fernsehprogramm verzichten müsste. Heute könnte man solche Menschen sogar weitsichtig nennen.

Es gibt über die Dresdner unterschiedliche Meinungen. Mal sollen sie besonders rege und aufgeweckt sein wie ein Fisch im Wasser, also vigilant (sprich: fischelant), dann wieder allzu gemütlich, sonntäglich verträumt, ein bisschen behäbig und rückwärtsgewandt sogar, so, als seien sie direkt einem Bild von Ludwig Richter entsprungen, der natürlich ein geborener Dresdner war. Vielleicht ist das mit der Gemütlichkeit und Rückwärtsgewandtheit aber nur eine Erfindung der Fernsehabteilung des Mitteldeutschen Rundfunks, der Volksmusik und Schunkelseligkeit gern rund um die Uhr und am liebsten recycelt senden möchte, oder von aufgeregten Gastronomen, die händeringend nach einem Werbeslogan suchen. Sächsische Gemütlichkeit, das klingt doch nach was! Aber die Dresdner können auch anders! Einmal, ich hatte gerade das Fenster geöffnet, hörte ich auf der Straße ein Paar laut miteinander streiten. »Wenn'ch so bleede wär' wie du, or da wär'ch bleede«, rief der Mann genervt, und ich fürchtete, er würde nun keine Fisimatenten machen und sich auf seine Ehefrau stürzen. Aber als ich gleich darauf aus dem Fenster sah, küssten sie sich schon, und aller Streit war vergessen. Ja, weich sollen die Dresdner sein, manche behaupten, das liege am Sandstein, der hier fast jede Fassade ziert. Und sie sind gesellige Wesen! Man braucht nur an einem Sonntag einen neuen Straßentunnel oder einen neuen Autobahnabschnitt zur Besichtigung für Fußgänger freizugeben, und schon strömen sie zusammen, als hätten sie seit Jahren darauf gewartet, einmal zu Fuß über ein Stück Autobahn oder durch einen Straßentunnel zu gehen. Sie scheinen auch das ganze Jahr auf den einen Tag zu warten, an dem sie alle gemeinsam ihre über vierzig Museen in der Nacht besichtigen können. Zugegeben, die Museumsnacht ist keine Dresdner Erfindung, aber sie ist gern übernommen worden, es gibt noch eine Nacht der Wissenschaften und eine Nacht der Kirchen, und ich verstehe nicht, warum nicht zum Beispiel auch die Bußgeldstelle einmal im Jahr in der Nacht öffnet, wahrscheinlich gäbe es auf der Stelle in der ganzen Stadt keinen einzigen säumigen Sünder mehr.

So sollen sie also sein, die Dresdner? Das alles mag stimmen, doch ich glaube nichts von alledem. Manche werden jetzt frohlocken und gleich eine typisch dresdnerische Skepsis gegenüber allen Erkenntnissen vermuten, die andernorts längst als gesichert gelten. Langsam! Ich denke, es ist in Dresden wie überall, die Leute sind verschieden. Man kann mit den meisten auskommen, sogar wenn man nicht in Dresden geboren ist.

Mildernde Umstände? Bloß wegen eines Buches? Es gibt doch längst mehr Bücher über Dresden als geborene Dresdner in Dresden. Als ob ich das nötig hätte! Dreißig Jahre lebe ich hier. Freiwillig! Und ich bin bestimmt kein Masochist. Es muss also was dran sein an dieser

Stadt. Dreißig Jahre, wie gesagt. Wie heißt es schon in einer 1988 erschienenen Broschüre zur Dresden-Literatur: *Kopf hoch! Man soll nicht die Hoffnung verlieren, dass auch zwischen Tausenden Nichtdresdnern ... echte Verehrer der Stadt und künftige Dresdner sind. Vielleicht gelingt es dem einen oder anderen ... das Phänomen dieser Stadt literarisch zu erfassen.* Und außerdem: Johann Gottfried Herder war auch kein geborener Dresdner und nicht einmal dreißig Tage in der Stadt, noch dazu in seinem Todesjahr, Darmbeschwerden und ein Gallenleiden soll er gehabt haben, und in Dresden musste er wegen einer Schwäche des Sehnervs einen Arzt aufsuchen, aber seinem hymnischen Ruf haben sie trotzdem geglaubt: *Blühe, Deutsches Florenz mit Deinen Schätzen der Kunstwelt! Stille gesichert sei Dresden Olympia uns.* Den haben die Dresdner sofort aufgesogen, als seien sie wirklich aus Sandstein. Dabei hatte Herder, als er seine Huldigung schrieb, die Stadt noch gar nicht mit eigenen Augen gesehen, sie sollte seine Reise vorbereiten und im italienverliebten Dresden für eine günstige Stimmung sorgen. Natürlich waren seine Worte, als er dann tatsächlich ankam, schon in aller Munde, sogar der Kurfürst hatte sie gelesen und empfing den Dichter *nicht nur gnädig, sondern auch gütig,* was nicht einmal Schiller vergönnt war, und auch Goethe nicht, der Dresden immerhin einen Ort nannte, *der herrlich ist.* Die Dresdner haben Herder Kränze geflochten, auch wenn sie seine

Worte später gleich wieder ein bisschen dresdnerisch zu-
rechtgestutzt haben. Noch heute reden sie gern von Elbflorenz.

2

Bau auf, bau auf oder
Häuser und ihre Geschichten

Samuel Beckett, der Dresden in den dreißiger Jahren besuchte, hat die Stadt eine *Porzellan-Madonna* genannt, eine Bezeichnung, die mir gefällt und mich an eine Figur im Vertiko meiner Großmutter erinnert, wo die weiße, feingliedrige Dame mit Bubikopf und Dresden-Doll-Gesicht hinter Glas in kapriziöser Bewegung erstarrt war und bei jedem Schritt erzitterte, mit dem man sich ihr auf den leicht federnden Dielen näherte. Ich glaube nicht, dass die vornehme Blässe ihres Madonnengesichts von echtem Meißner Porzellan herrührte, trotzdem ist es schade, dass Becketts Bezeichnung keine Nachredner fand, Herders Wort galt weiter, obwohl der Dichter damit eigentlich nur die von Anton Raphael Mengs gegründete Antikensammlung gemeint hatte.

Elbflorenz also. Als ich 1980 zum Studium nach Dresden kam, hatte dieses Wort einen eigenartigen Klang. Florenz war weit weg, es lag hinter dem Eisernen Vorhang und würde wohl nie zu erreichen sein. Florenz war ein Traum, aber hatte nicht schon Heinrich von Kleist den Dresdner Himmel *italisch* genannt, ohne je in Italien gewesen zu sein? Ein Trost war das freilich nicht. Die Elbe wenigstens lag vor der Nase, doch war sie ein Fluss, dessen braunes, flockiges Wasser übel roch. Um ehrlich zu sein, es stank zum Himmel, der hinter den dicken Schwaden, die aus Fabrikschornsteinen, Trabantauspuffen und Kohleöfen quollen, überm Tal alles andere als »italisch« und oft nur zu erahnen war. Das erste Dresdner Haus, das ich bewohnte, war eine Holzbaracke mit Pappdach, von der die ehemals grüne Farbe blätterte und die erzitterte, wenn ein Lkw aus der benachbarten Feldschlösschenbrauerei an ihr vorüberfuhr. Sie nannte sich Studentenwohnheim, was für den Inhalt sogar zutraf, in jedem Zimmer hausten bis zu zehn zukünftige Bauingenieure, sommers wegen der Hitze meist nur mit Badehose bekleidet. Im Winter froren Wasser und Bier ein, selbst die Butter war hart wie ein Stein. Dass Sandstein weich macht, war also graue Theorie, die Praxis lehrte: Was uns nicht umbringt, macht uns hart. Die Baracke stand an einer Ausfallstraße im Süden der Stadt und bildete mit der Technischen Universität und dem Hauptbahnhof ein gedachtes Dreieck, das mancher Kommilitone nur selten verließ, es sei denn, die Nachricht machte die Runde, dass in irgendeiner Kaufhalle in Johannstadt Ketchup der Firma Exzellent eingetroffen sei, man im Hol Fix am Ende der Straße der

Befreiung fünf Flaschen Radeberger Bier pro Mann zu-teilte oder es im Exquisit oder im Centrum-Warenhaus Samtpullis gebe. Irgendeine Nachricht machte immer die Runde. Ich ging einmal auf die Thälmannstraße, wo der Wind meist ungeduldig die Stahltrossen gegen die Fah-nenmasten vorm Kulturpalast schlug und man in einem Laden manchmal Schreibmaschinen vorbestellen konnte. Auf grauem Papier durfte man sogar einen Farbwunsch vermerken. Dann brauchte man Geduld. Doch nach ei-nigen Monaten erhielt ich per Post tatsächlich die Nach-richt, meine gelbe Erika sei schleunigst abzuholen. Meine Lieblingswarteschlange aber stand in der Nähe des Post-platzes vorm damaligen Haus des Buches. Wöchentlich lag dort der Vorankündigungsdienst aus, der alle Neuer-scheinungen des Verlagswesens der DDR dem Lesevolk bekannt machte. Doch dieses Wissen allein reichte nicht aus: Nur wer rechtzeitig, also geraume Zeit vor Laden-öffnung erschienen war und einen kleinen Bestellzettel mit seinen Wünschen ausgefüllt hatte, durfte hoffen. Oft hoffte man vergebens, manchmal hat das Wünschen ge-holfen. Ich weiß nicht mehr, wie rar das Buch gewesen ist, das ich 1982 für 2,50 Mark bestellte und dann sogar kaufte, es war immerhin schon in der siebenten Auflage erschie-nen. Wahrscheinlich war es weniger begehrt als das *Hei-matmuseum* von Lenz zwei Jahre zuvor oder Grass' *Blech-trommel*, die vier Jahre später mit 27-jähriger Verspätung

erschien. Victor Klemperers *LTI* war klein und unschein-
bar, aber das Buch hatte es in sich. *Lingua Tertii Imperii* –
Klemperers Analyse der »Sprache des Dritten Reiches« –
war so aktuell, dass ich das Reclambuch mit Anstreichun-
gen und Anmerkungen versah wie kaum ein anderes. Ich
erinnere mich nicht mehr, ob ich damals schon wusste,
dass der jüdische Romanist Victor Klemperer an der gleichen Hochschule, an der ich nun studierte, gelehrt hatte,
bis die Nazis ihn aus dem Amt jagten, und dass er nur
dank seiner nichtjüdischen Frau in Dresden überleben
konnte. Mit Sicherheit aber wusste ich noch nichts von
dem kleinen Haus Am Kirschberg im Stadtteil Dölzschen, das er gebaut hatte und aus dem man ihn vertrieb,
nichts von den Dresdner Judenhäusern, in denen er leben
musste, und dass er auch in der DDR *zwischen allen Stüh-
len* saß. Oder von dem riesigen Konvolut an Tagebüchern,
die damals noch in der Sächsischen Landesbibliothek an
der Marienallee lagen und deren Veröffentlichung erst
Jahre später wegen ihrer minutiösen Schilderung des All-
tags der Judenverfolgung für Aufsehen sorgen sollte. So
las ich auch erst viele Jahre später seinen Tagebuchein-
trag vom Februar 1945 über die Zerstörung zweier dieser Judenhäuser: *Sooft ich an den Schutthaufen Zeughausstraße 1 und 3 dachte und denke, hatte und habe auch ich das
atavistische Gefühl: Jahwe! Dort hat man in Dresden die Synagoge niedergebrannt.* Das war während der Pogromnacht

vom 9. zum 10. November 1933 gewesen. Feuerwehrleute retteten damals einen der Davidsterne, den einer von ihnen, Alfred Neugebauer, dann bis Kriegsende versteckte. Den Abbruch der Ruine hielt das Technische Hilfswerk in einem Lehrfilm fest. Die Zeughausstraße und die Synagoge von Gottfried Semper, das ist ungefähr jene Stelle, an der wir, ahnungslose Studenten der Sektion Bauingenieurwesen, Anfang der achtziger Jahre vor einer mächtigen Gittertür Schlange standen, um in unseren Club, den Bärenzwinger, zu gelangen, wo damals nicht nur, so wie später, Bier und Schwatz auf dem Programm standen. Einmal, ich erinnere mich genau, las Erich Fried mit ruhiger, fester Stimme:

Wie lange werdet ihr brauchen
um über das
was ich sage
nicht mehr empört zu sein?

Wenige Meter entfernt steht heute Dresdens neue Synagoge, sie gilt vielen als das, was man reichlich anderthalb Jahrhunderte zuvor schon Sempers Bau nachgesagt hatte, »irritierend modern«. Ein grauer, schmuck- und fensterloser Kubus, dem die Straßenbahn fast über die Füße fährt, sodass er sich erst mit zunehmender Höhe allmählich wie vorgeschrieben gen Osten schraubt. Die

Not wurde hier zur architektonischen Tugend gemacht, was der Synagoge 2002 den World Architecture Award für das beste europäische Gebäude bescherte. Über der Tür zum Innenhof glänzt golden der einst gerettete Davidstern.

Kubische Häuser gibt es viele. Kugelhäuser eher weniger. In Dresden gab es das erste der Welt. 1928 war es anlässlich der siebenten Jahresschau Deutscher Arbeit auf dem Ausstellungsgelände am Großen Garten erbaut worden. Im vierten Obergeschoss taten die Dresdner, was sie gern tun, sie tranken Kaffee und aßen Kuchen. Er sei gerade im *Land der Kuchenfresser,* die Leute glaubten hier, alles in der Welt geschehe bloß, *damit sie zu ihrem Kaffee alle Morgen eine interessante Zeitung zu lesen haben,* hatte schon der Literat Robert Eduard Prutz einst an Georg Herwegh geschrieben und über die *verwaschenste, farbloseste, bleiweichste Generation, die es in Deutschland gibt,* gespottet, über die *bloß trägen Maulaufsperrer* in einem *Volk wie nasser Schwamm,* aber das war im Revolutionsjahr 1848 und ist eine andere Geschichte. Auch dass der preußische König Friedrich II. behauptet haben soll, *ohne Kaffee mangelte es den sächsischen Soldaten an der Kampfmoral,* gehört nicht hierher. Erwähnen sollte man höchstens die Dresdner Hausfrau Melitta Bentz, die sich 1908 den ersten Kaffeefilter patentieren ließ. Gut möglich also, dass die Dresdner ihren Kaffee im Kugelhaus schon gefiltert tranken, gerettet hat dies das Kugelhaus nicht. Anfang 1938 gab man zwar noch immer vor, die deutsche Arbeit zu ehren, das Kugelhaus aber galt *als Ausgeburt einer entarteten Technik* und wurde deshalb abgerissen. Dann war es lange vergessen, und vielleicht brauchte ich es auch heute nicht zu erwähnen, ließe sich an ihm nicht vorführen, wie es in Dresden des Öfteren mit Bauprojekten zugeht.

Im Jahr 2000 nämlich gab es in Dresden plötzlich einen e. V. i. G., der sich – man hatte in der Stadt schon längst zum Wiederaufbau der Frauenkirche geblasen – den Wiederaufbau des Dresdner Kugelhauses in die Satzung schrieb. Die Sache kam ins Rollen und wurde bald ruchbar, in den Zeitungen erschienen wie üblich Leserbriefe, die mit den Worten »Ich als geborener Dresdner …« begannen. Wie üblich wurde gestritten, Kugelhaus ja, Kugelhaus nein, doch der Streit schien beigelegt, als ein Investor tatsächlich beschloss, in Dresden wieder ein Kugelhaus zu errichten. Das steht heute gegenüber dem Hauptbahnhof, in die Zange genommen und schamhaft versteckt von einer Einkaufspassage und errichtet aus viel Stahl und noch mehr Glas und also, so befand nicht nur der Verein, obzwar ordentlich rund, kein würdiger Nachfolger des ersten Kugelhauses der Welt. Einige Jahre rollten in die Welt, und plötzlich, wie aus dem nun heiteren Dresdner Himmel, kündigte ein anderer Investor an, in

Dresden ein Kugelhaus bauen zu wollen. Diesmal originalgetreu! Neben einem denkmalgeschützten eckigen Plattenbau in der Nähe des Zoos soll es irgendwann entstehen. Wer nun denkt, die Sache sei damit endgültig ausgestanden, kennt die Dresdner schlecht. Der Verein nämlich will sein Kugelhaus nun am Standort des ehemaligen Narrenhäusels – dort hatte einst, wie passend, der Hofnarr Fröhlich gewohnt –, und zwar nicht mehr als Kopie, sondern als moderne Kugel, also in Sandstein, denn nur so werde die Sache wirklich rund. Was die Nutzung betrifft, ist es beim zukünftigen Kugelhaus nicht anders als bei anderen Gebäuden, die keiner braucht, man plant ein Hotel.

Hotels sind in Dresden nämlich eine Allzweckwaffe. Egal ob Freimaurer oder Berliner Zahnärztekammer, ein Hotelbau in Dresden scheint in jedem vermögenden Verein zu den Kernkompetenzen zu gehören. Wo immer ein historisches Gebäude verfällt oder eine freie Fläche zu bebauen ist, plant man ein Hotel. Oder neuerdings ein Seniorenheim, das sich in einer Residenzstadt natürlich Seniorenresidenz nennt. Das Taschenbergpalais der Gräfin Cosel wurde ebenso zum Hotel wie Erlweins Städtischer Speicher an der Elbe, und auch im Herzogin Garten gegenüber dem Zwinger, einst Orangerie und kurfürstliche Gartenanlage mit einer der größten Pflanzensammlungen Deutschlands, später eine von Schreber und dann jahrzehntelang Biotop für Brennnesseln, Wildrosen und Holunder, dort, wo der Architekt Frank Stella eigentlich eine moderne Kunsthalle bauen wollte, sollte irgendwann ein Hotel stehen, oder zumindest eine hochwertige Wohnanlage oder eine Seniorenresidenz. Niemand Geringeres als der ehemalige sächsische Ministerpräsident Kurt Biedenkopf hatte sich damals gegen Stellas moderne Kunsthalle starkgemacht. Viele in die Jahre gekommene geborene Dresdner dankten es ihm.

Natürlich gibt es auch Ausnahmen, vielleicht, weil jedes Hotel eine sogenannte Sehenswürdigkeit in seiner Nähe braucht. Die Frauenkirche wurde deshalb tatsächlich als Kirche wiedererbaut, und an der Stelle des ersten Kugelhauses der Welt am Straßburger Platz steht heute die Gläserne Manufaktur, in der VW seine Nobelkarossen bauen lässt. Allerdings sind es weniger geborene Dresdner, die hier der gläsernen Manufaktur ihres zukünftig liebsten Familienmitgliedes zusehen, viele der Kunden haben, wie man heute sagt, einen westdeutschen Sozialisationshintergrund, darunter vielleicht sogar einige, die man neuerdings als Heuschrecken bezeichnet. Weitaus mehr Insekten aber kommen nachts vom Großen Garten herüber, um sich an den erleuchteten Scheiben die Rüssel plattzudrücken, weshalb man in der Gläsernen Manufaktur jetzt am Abend zuweilen die Rollos herunterlässt oder mit Sparflamme produziert und die

Insekten mit ihrem Todesflug warten müssen, bis der Volkswagen namens Phaeton auf der Straße ist.

Gläserne Manufakturen in Dresden sind aber keine Erfindung von VW. Bereits Ende des neunzehnten Jahrhunderts stellte der Landwirt Paul Gustav Leander Pfund sechs Kühe hinter die große Glasscheibe seines kleinen Landes in der Dresdner Neustadt und ließ die erstaunten Kunden wählen, von welcher Kuh sie Milch zu kaufen wünschten. Das war der Anfang eines der größten Molkereiimperien der damaligen Zeit. Pfund setzte nicht nur das an der Technischen Hochschule Dresden entwickelte Pasteurisierungsverfahren ein, er begann auch als erster Molkereibesitzer Deutschlands, Kondensmilch herzustellen, und ließ sich mit Hilfe der örtlichen Niederlassung von Villeroy & Boch einen neuen Laden an der Bautzner Straße bauen, der heute, um endlich mal einen Superlativ zu benutzen, als der *schönste Milchladen der Welt* gilt, so jedenfalls steht es unter der Registriernummer 464 098 im Guinness-Buch der Rekorde, das es ja schließlich wissen muss.

Ich kenne den Milchladen noch aus der Zeit, da das Guinness-Buch der Rekorde von seiner Schönheit nichts ahnte. Das war aber auch schon nach der Zeit, da Walter Ulbricht etwas vom Weltniveau gesächselt hatte, auf das die Versorgung der DDR-Bevölkerung zu heben sei. Der Quark wurde damals noch in Pfund gewogen und im

Pfund'schen Milchladen die Dresdner Bevölkerung mit Milch und Käse aus volkseigener Produktion versorgt, nicht wie heute die zahlreichen Besucher mit Spezialitäten von allen Almen der Welt und dem üblichen Touristenkitsch. Die Einrichtung aber hatte Weltniveau, weshalb auch damals schon manchmal jemand in den Laden kam, der nur schauen und staunen wollte. Ich sehe noch die alten Frauen aus den umliegenden Straßen vor mir, die keinen Blick für die prachtvolle Ausstattung des Ladens zu haben schienen und ihren Enkeln zu Hause vermutlich Weisheiten wie »Quark macht stark« beibrachten, um dann gleich warnend den Zeigefinger zu heben: »Quark alleene macht krumme Beene!« Sie schoben sich mit ihren Einkaufsnetzen an den Schaulustigen in der Schlange vorbei, wirkten immer etwas genervt und spielten die Ungeduldigen, doch gleichzeitig, so schien es mir, genossen sie das Interesse der Fremden an »ihrem« Laden. Wie dieser Laden Teil einer untergegangenen Welt zu sein, erfüllte sie mit Stolz, und so lag über jedem Einkauf auch ein Hauch von Melancholie. Heute kommen sie, wenn sie noch leben, nur noch, um ihren Urenkeln den Laden zu zeigen, zum Kaufen aber reicht das Geld nicht mehr. Vor dem Geschäft stehen jetzt die Reisebusse Schlange, und drinnen schlürfen die Touristen zwischen den bunten, handbemalten Kacheln Buttermilch wie Jahrgangssekt.

Aller guten Dinge sind nicht nur beim Kugelhaus drei. Auch den berühmten »Canaletto-Blick« gibt es gleich dreifach. Eigentlich heißt das 1748 geschaffene Gemälde des venezianischen Vedutenmalers Bernardo Bellotto, genannt Canaletto, *Dresden vom rechten Elbufer unterhalb der Augustusbrücke*, und genau das ist auch zu sehen, Dresdens Barocksilhouette mit der Elbbrücke von Pöppelmann, der mit ihrer runden Kuppel alles beherrschenden Frauenkirche von George Bähr sowie der hoch aufragenden Hofkirche von Chiaveri. Zu sehen ist diese Ikone Dresdner Stadtansichten erstens als Bild in der Gemäldegalerie Alte Meister und zweitens in der Realität, also vom rechten Elbufer unterhalb der Augustusbrücke aus, in diesem Fall freilich mit einigen nachträglichen Retuschen. Wie Dresden im Augusteischen Zeitalter tatsächlich ausgesehen haben könnte, davon vermittelt drittens aber auch das Projekt *1756 Dresden* einen bildhaften Eindruck. Der Architekt und Künstler Yadegar Asisi, ein in Wien geborener Sohn persischer Emigranten, hat im Gasometer Reick ein monumentales Panoramabild geschaffen, das den Mythos des barocken Dresden lebendig werden lässt und die geborenen Dresdner naturgemäß in Entzücken versetzt. Und nicht nur die, immerhin wurden in zwei Jahren eine halbe Million Besucher gezählt. Einige davon scheinen sich sogar noch zu erinnern, wie Dresden im Augusteischen Zeitalter tatsächlich ausgesehen hat, sie geben wichtige Hinweise, sodass das Bild irgendwann neu entstehen und die Vergangenheit in Zukunft noch vollkommener sein wird.

Wer sich trotz dieser nahezu perfekten Illusion für die Realität des Canaletto-Blicks entscheidet, dem könnte es allerdings passieren, dass er sich, wenn er, nicht unterhalb der Augustusbrücke, sondern an der Marienbrücke stehend, den Kopf leicht nach rechts wendet, plötzlich nicht mehr an der Elbe, sondern am Bosporus wähnt. Und tatsächlich liegen auch die Dardanellen nur wenige Kilometer von Dresden entfernt. Doch wie es sich bei den Dardanellen nur um einen Teich in der Nähe des Jagdschlosses Moritzburg handelt – den ein aus Italien stammender sächsischer Minister mit Hafen, Mole und Leuchtturm aufmotzte, damit der Hof mit russischen Gästen die Schlacht bei Tschesme nachspielen konnte, bei der die türkische Flotte 1770 von den Russen geschlagen wurde –, ist auch die Moschee an der Marienbrücke nur eine vermeintliche. Es handelt sich vielmehr um die ehemalige Zigarettenfabrik Yenidze, die scheinbaren Minarette sind nichts anderes als geschickt getarnte Schornsteine, die vermutlich einst blauen Dunst ausstießen. Die Zigarettenindustrie war einmal ein wichtiger Industriezweig der Stadt, die als Umschlagplatz für Rohtabake Bedeutung hatte und mit der 1862 aus Sankt Petersburg übergesiedelten Compagnie Laferme eine der ersten deutschen Zigarettenfabriken besaß. Anfang der zwanziger Jahre drehten die Dresdner in über einhundertundzwanzig Fabriken Glimmstängel. Zigaretten wie Salem Gold und Orient verströmten den Duft des Morgenlandes, eine der Dresdner Marken aber hieß natürlich ganz traditionell August der Starke. Heute werden unter der gläsernen Kuppel der Yenidze Märchen aus Tausendundeiner Nacht erzählt, aber auch in Zeiten des Rauchverbotes muss es gesagt werden: Der Marktführer in Sachen Zigaretten heißt hier f6 und kommt aus der gleichnamigen Dresdner Zigarettenfabrik, unser Pendant zu Roth-Händle heißt KARO, denn sogar beim Rauchen gibt man sich lokalpatriotisch, selbst wenn auch dieses Märchen mit »Es war einmal« beginnt und beide Marken heute längst zu Philip Morris gehören.

Zum Rauchen muss man heute auch in Dresden meistens an die frische Luft. Da steht man dann unterm »italischen« Himmel oder dem Kunststoffdach eines Raucherzeltes, umringt von Nichtrauchern, die nicht allein sein wollen, und raucht und redet. Dabei kann man gelegentlich die folgende Episode hören: Ein Einheimischer geht über den Theaterplatz und wird, weil er als Einheimischer offenbar leicht zu erkennen ist, von einem sich hilflos umsehenden Touristen gefragt, ob das nun die berühmte Brauerei sei, die er aus der Fernsehwerbung kenne. Dabei weist der Tourist auf ein imposantes Gebäude und kommt aus dem Staunen nicht heraus, seine Träume schäumen, und vielleicht läuft ihm das Wasser im Mund zusammen. Man kann also die Enttäuschung verstehen, wenn der dürstende Tourist dann erfährt, es handele sich bei diesem imposanten Gebäude lediglich um die Oper von Gottfried Semper. Um ehrlich zu sein, ich glaube diese oft kolportierte Geschichte nicht. Zwar stimmt es, dass eine Brauerei aus der Region mit Hauptsitz in Frankfurt am Main und Oberhauptsitz in Bielefeld an der Lutter mit der Semperoper für ihr Bier wirbt, aber man würde die Wirkung des Fernsehens und der Werbung über- und die Intelligenz von Touristen unterschätzen, schenkte man dieser Erzählung Glauben.

Außerdem ist die wirkliche Geschichte viel schöner, für eine Zigarette aber natürlich zu lang. Bereits 1834 nämlich wurde Gottfried Semper zum Professor für Baukunst an die Sächsische Kunstakademie berufen, schon kurze Zeit später legte er Pläne zur Erweiterung des Zwingers bis hin zur Elbe vor, die aber an der Engstirnigkeit der Verwaltung scheiterten. Einzig die Galerie und die Oper wurden gebaut, weshalb auch das alte Italienische Dörfchen, die Arbeits- und Wohnstätte der italienischen Bauarbeiter, die einst die Hofkirche errichtet hatten, abgerissen werden musste. Einweihung der Oper war 1841 mit Carl Maria von Webers *Jubelouvertüre* und Goethes *Tasso*,

Semper selbst blieb der Feier aus Verstimmung über eine abfällige Kritik an seinem Bau fern. Zu dieser Zeit gab es in der Nähe noch ein Opernhaus von Pöppelmann, dieses brannte während der Maikämpfe 1849 aus. Als Brandstifter galt zunächst ein Mann, der einst als Kind, *ganz in Trikots eingenäht, mit Flügeln auf dem Rücken,* in einem Singspiel von Weber in Dresden den Engel gemimt hatte, Richard Wagner nämlich, seit einigen Jahren königlich-sächsischer Kapellmeister auf Lebenszeit, zu Unrecht, wie sich herausstellte, obwohl der Komponist selbst bekannte, nur seine Selbstbeherrschung habe es verhindert, zum Opernhausbrandstifter zu werden. Maßgeblich an der in Dresden mit gehöriger Verspätung stattfindenden Revolution beteiligt war neben Wagner und dem russischen Berufsrevolutionär Bakunin, der als ehemaliger Artillerieoffizier friedliebende Dresdner Professoren, Musiker und Pharmazeuten im Kriegswesen unterrichtete, Gottfried Semper, der seinen Fähigkeiten gemäß vor allem den Barrikadenbau überwachte, für den man in Dresden sogar eiligst eine Barrikadenordnung erlassen hatte. Wilhelmine Schröder-Devrient, als Wagners gefeierte Primadonna gerade im Ruhestand, feuerte die Revolutionäre vom Erker der Löwenapotheke aus an, während der Meister selbst auf dem Turm der Kreuzkirche Wache schob. Nach der Niederschlagung der Revolution durch preußische Truppen mussten alle fliehen, Bakunin wurde auf der Festung Königstein inhaftiert, die Schröder-Devrient aus Dresden ausgewiesen, Semper und Wagner wurden noch jahrelang als *politisch gefährliche Individuen* steckbrieflich gesucht, Wagners Werke zudem für einige Jahre mit Aufführungsverbot belegt; erst 1862 durfte er die Stadt wieder betreten. Semper kehrte erst zurück, nachdem auch sein Opernhaus abgebrannt war, durch Fahrlässigkeit diesmal, und man ihn, den Barrikadenbauer und Häuserkämpfer, nach langem Zögern mit dem Wiederaufbau betraute. Zur Einweihung 1878 stand wieder Goethe, nun die *Iphigenie,* auf dem Plan, und Semper wurde mit Ovationen gefeiert.

Vielleicht würde der Revolutionär Gottfried Semper heute, wenn er als Gast des Opernballs sein Haus beträte, mit seinen *demokratischen Zähne(n)* knirschen, so wie Jean Paul in der Zeit der Französischen Revolution über das *gekrümmte Schranzenvolk von Dresdnern* angesichts des *plattgedrückten Hoftroß'* in der gegenüberliegenden Hofkirche. Vermutlich stünde er dabei ziemlich alleine da, denn auf dem Theaterplatz tanzt das Walzervolk von Dresdnern jedes Jahr verzückt unter freiem Himmel, während sich die Reichen und Schönen unterm goldenen Kronleuchter die Ehre geben. Wer der Hauptsponsor des Opernballs ist, kann man sich an den Strichen auf einem Bierdeckel abzählen. Das wiederum hätte wohl auch den ausgewiesenen Biertrinker Jean Paul mit den Dresdnern versöhnt; die hielt er zwar für *nicht schön, nicht edel, nicht lesbegierig, nicht kunstbegierig, sondern nur höflich,* zeigte sich aber bei seinem letzten Besuch kurz vor seinem Tod von der Stadt begeistert. Plötzlich spürte er hier eine *innere Verklärung,* die er seit vielen Jahren gesucht hatte. Es ist bekannt, dass er seine Aufenthaltsorte auch nach der Qualität des Bieres aussuchte.

Nebenbei bemerkt: Dass man Bakunin damals auf den Königstein brachte und nicht in den Dresdner Zwinger, hat einen einfachen Grund. Dresdens berühmtestes Bauwerk ist trotz seines von vier Seiten umschlossenen Innenhofs nie ein Gefängnis gewesen. Der Name geht vielmehr auf eine Bastion der alten Stadtbefestigung zurück, an deren Stelle die Anlage zu Beginn des achtzehnten Jahrhunderts vom Architekten Daniel Pöppelmann und dem Bildhauer Balthasar Permoser gebaut wurde. Kein Bau des Jahrhunderts zeige ein solches Maß von spontaner Genialität, urteilte der Kunsthistoriker Georg Dehio über das barocke Gesamtkunstwerk mit seinen Pavillons und Galerien, mit den Brunnen und Hunderten Figuren und Objekten, bei denen sich kein Motiv wiederholt. Zwar wurden einige der Figuren inzwischen aus konservatorischen Gründen durch Kopien ersetzt, doch zeigt das Palais im Großen Garten in der Ausstellung *Permoser im Palais* eine Reihe der Originale.

Der Hauptzugang des Zwingers, das Kronentor in der

Langgalerie, wurde zum Symbol Dresdens, nicht nur auf den Tintenfässern der Firma Barock.

1945 wurde der Zwinger bis auf die Grundmauern zerstört, sein Wiederaufbau war eine der ersten Aufgaben, welche die Landesverwaltung Sachsen mit Unterstützung der sowjetischen Militärverwaltung schon in den ersten Nachkriegsmonaten anging. Zur Finanzierung hatte man eigens eine Zwingerlotterie eingerichtet. So manche Niete dürfte sich dadurch nutzbringend in einen Stein verwandelt haben. 1965 war der Wiederaufbau der gesamten Zwingeranlage beendet, und das Glockenspiel aus Meißner Porzellan, erstmals 1933 im Sophientor aufgehängt, spielte nun *Brüder zur Sonne, zur Freiheit* und die Nationalhymne der DDR. Heute werden andere Melodien gegeben, und der Zwinger beherbergt zahlreiche Museen der Staatlichen Kunstsammlungen, darunter die Gemäldegalerie Alte Meister, die Rüstkammer, den Mathematisch-Physikalischen Salon und die Porzellansammlung.

Sammlungen gehören ins Zentrum der Stadt, das war den Dresdner Denkmalpflegern schon in den fünfziger Jahren klar, als noch die Beräumung der gesamten Innenstadt drohte. Manche Idee mag heute nur skurril erscheinen, etwa die Absicht, anstatt des reitenden Königs Johann einen Traktor als Sinnbild der neuen Zeit auf den Denkmalsockel des Theaterplatzes zu stellen. Aber es war ernst gemeint, also erfanden die Denkmalpfleger eine Vokabel, mit der es gelingen konnte, nicht nur den Zwinger, sondern auch das zerstörte Residenzschloss, eines der prachtvollsten Renaissanceschlösser in Deutschland, zu retten: *Museumskombinat*. Das war eine Sprache, die auch Politiker des neuen Staates verstanden, und vielleicht gab dieses Wort den Ausschlag für die endgültige Rettung der Schlossruine. Bis zum Beginn des Wiederaufbaus aber sollten noch einmal dreißig Jahre vergehen und mehr als zwanzig weitere, bis das Schloss seine heutige Gestalt erlangen konnte. Die wunderbaren Sgraffiti, die im sechzehnten Jahrhundert die gesamte Fassade zierten, wurden im Großen Schlosshof wiederhergestellt, das Grüne Gewölbe bekam seine ursprünglichen Räume zurück, das Kupferstich- und das Münzkabinett zogen ein, und mit der transparenten Überdachung des Kleinen Schlosshofs entstand jüngst ein repräsentatives Besucherfoyer für die Staatlichen Kunstsammlungen, das Realität gewordene *Museumskombinat*. Weitere Innenausbauten werden in den nächsten Jahren folgen, zuerst die sogenannte Türkische Kammer und das Audienzgemach, später auch die Englische Treppe und das *schöne Tor* der Schlosskapelle.

Bau auf, bau auf, so lautete die Devise in den Jahrzehnten nach dem Zweiten Weltkrieg. Sie konnte gar nicht anders lauten, denn *die Stadt Dresden gibt es nicht mehr. Sie ist, bis auf einige Reste, vom Erdboden verschwunden,* wie Erich Kästner in seinen Kindheitserinnerungen schrieb. Wer kennt es nicht, die Ikone der Trümmerfotografie, das berühmte Foto von Richard Peters, auf dem eine der Sandsteinfiguren des Rathausturmes, die Arme hilflos ausgebreitet, über die Trümmerlandschaft zu ihren Füßen schaut. *Wer das Weinen verlernt hat, der lernt es wieder beim Untergang Dresdens,* wusste Gerhart Hauptmann und schämte sich seiner Tränen nicht. *Auferstanden aus Ruinen und der Zukunft zugewandt,* so hat Johannes R. Becher die Nationalhymne der DDR beginnen lassen. Wo anders als in Dresden waren diese Worte verständlicher. Fünfzehn bis zwanzig Millionen Kubikmeter Trümmer, so lautete die Schätzung. Vom Hauptbahnhof bis zum Albertplatz stand kein Haus mehr, und nachdem die Trümmer beseitigt waren, glich die Innenstadt einer Steppe, vor der Ruine der Frauenkirche weideten noch in den fünfziger Jahren Schafe. Die Kirche mit ihrer steinernen Kuppel, die der Ratszimmermeister George Bähr gebaut hatte wie eine Skulptur, *von unten bis oben gleichsam nur ein einziger Stein,* die Kirche hatte am 14. Februar noch gestanden, und manche sahen darin wohl ein Zeichen der Hoffnung. Am nächsten Tag brach auch sie nach einem anfänglich leisen Knistern in der Kuppel mit einem ungeheuren Knall in sich zusammen. Die Stadt Dresden gab es nicht mehr. Die Stadt Dresden war noch immer da. Vom *Barockwrack an der Elbe* würde Durs Grünbein später schreiben.

Es ging also nicht darum, einzelne Häuser zu errichten, eine ganze Stadt musste neu erfunden und gebaut werden. Das sollte sich vor Augen halten, wer heute die Nase rümpft über die Architektur der Innenstadt um Altmarkt und Prager Straße, die *zum Höhepunkt des neuen sozialistischen Lebens* hatte werden sollen. Anlässe dazu gibt es genug. Für manchen war die zerstörte Stadt nichts weiter als ein Steinbruch, aus dem man Baustoffe gewinnen konnte und deren freigeräumte Flächen dann Raum für Parkplätze boten. Fraglos waren viele Entscheidungen der Nachkriegsjahre ideologischen Prämissen des neuen Staates geschuldet, wie die Sprengung der Barockhäuser der Rampischen Gasse, der Abriss der gotischen Sophienkirche oder die Anlegung der Ernst-Thälmann-Straße (Wilsdruffer Straße) als Aufmarschplatz für Großkundgebungen. Die zogen mit ihren roten Fahnen noch zu meiner Zeit am Kulturpalast vorbei, wo jährlich am 1. Mai die Tribüne stand und ein Wandbild den *Weg der roten Fahne* zeigte, um sich dann am Pirnaischen Platz unter dem Hochhaus mit der roten Leuchtschrift *Der Sozialismus siegt* wieder zu zerstreuen, wobei die roten

Fahnen auf bereitstehenden Lkw entsorgt wurden und die Demonstranten eilig das Weite suchten. Weite gab es genug, in meiner Erinnerung weht im Zentrum immer ein eisiger Wind. Forderungen nach Licht, Luft und Verkehrsfreiheit waren aber durchaus kein ostdeutsches Phänomen. *Das Jammern nach der »Tradition« bleibt echolos*, konstatierte Theodor Heuss im Westen. Seine Worte fanden auch dort ein breites Echo. Doch setzten da die Besitzverhältnisse den Planungen Grenzen und verlangten in vielen zerstörten Innenstädten wenigstens einen kleinteiligen Wiederaufbau, ermöglichten die Enteignungen im Osten Planungs- und Baufreiheit. Die vorhandenen Ideen einer neuen Stadt, wie immer man sie heute in der Rückschau beurteilen mag, blieben bald auf der Strecke, schneller und billiger wurden zu entscheidenden Attributen, und die Industrialisierung des Bauprozesses tat ihr Übriges. Immer öfter verloren die Denkmalpfleger den Kampf um einzelne Gebäude, und doch, betrachtet man sich manches Dresdner Stadtmodell aus den fünfziger und sechziger Jahren, es hätte schlimmer kommen können.

Es gibt aufschlussreiche Fotos aus diesen Tagen. Walter Ulbricht, Vorsitzender des Staatsrates der DDR, steht mit nachdenklicher Miene vor dem Stadtmodell, die Hände in pastoraler Geste über dem Bauch gefaltet. Auf der Platte steht das Modell der Sophienkirche, die im

Original nur noch eine Ruine war und über deren Erhalt selbst im Kirchenamt kein Konsens herrschte. Auf dem nächsten Foto, einige Minuten später aufgenommen, ist es aus der Stadt verschwunden und steht am Rande. Ein Handstreich, mehr nicht. Eine Episode aus der zweiten Zerstörung Dresdens, nichts weniger. Im Modell ist das geplante Kulturhochhaus am Altmarkt zu sehen, so hoch, dass es die Türme des Schlosses und aller Kirchen überragt. Es sollte Schluss sein mit den *alten monarchistisch-bürgerlichen und klerikalen Auffassungen des Städtebaus,* man wollte die Hoheit über die Silhouette der Stadt. So hoch will man heute nicht mehr, es sei denn, die Dresdner Verkehrsbetriebe bauen einen Haltestellenkomplex wie am Postplatz, neben dem der berühmte Zwinger wirkt wie ein Lustschloss für Liliputaner.

Abgerissen wurde auch nach Ulbricht noch manches, noch mehr aber wurde gebaut. Die 1969 in einer farbigen Beilage der *Sächsischen Zeitung* – allein schon das war eine Sensation – angedrohten Hochstraßen und dreißiggeschossigen Häuser wurden zwar von der Stadtverordnetenversammlung abgesegnet, blieben aber glücklicherweise Papiertiger. Nach dem VIII. Parteitag der SED zwei Jahre später aber galt es, die *Wohnungsfrage als soziale Frage* zu lösen; nun wurde Ernst gemacht. In ehemaligen Dörfern wie Prohlis, Reick und Gorbitz entstanden riesige Neubaugebiete für Zehntausende Menschen, zum

Teil mit Siebzehngeschossern der legendär-berüchtigten Wohnungsbauserie WBS 70. Anfang 1982 wurde die hunderttausendste nach 1945 gebaute Wohnung übergeben, kurz darauf aber musste das Hochhausprogramm eingestellt werden, weil der Einbau von Fahrstühlen aus Kostengründen verboten wurde. Man kann über die »soldatische Aneinanderreihung von Blöcken und Zeilen« klagen – viele junge Familien waren damals froh, der Enge der elterlichen Wohnung oder den zunehmend dem Verfall überlassenen Altbauten entkommen und endlich sicher, trocken und warm wohnen zu können, auch wenn die notwendige Infrastruktur erst Jahre später entstand oder gänzlich fehlte. Man könne mit einer Wohnung einen Menschen genauso töten wie mit einer Axt, hatte Heinrich Zille behauptet, man kann ihn aber auch mit einer Badewanne und einer Schrankwand ruhigstellen. Als Arbeiterschließfächer wurden diese Häuser verspottet, und wir Elbflorenzler im Tal der Ahnungslosen, die wir nicht nur Florenz nie gesehen hatten, sondern auch die Vorstädte von Paris und anderen westlichen Großstädten nicht, glaubten, so etwas wäre nur im Osten möglich. Die meisten Besucher, die die Grenzsicherungsanlagen der DDR vom Westen aus überwunden hatten, unter großen Schwierigkeiten und Entbehrungen, wie sie uns entrüstet berichteten, hielten die Plattenbauten auch für typisch Ost und ließen es uns in ihrer welterfahrenen Herablassung wissen. Und die hatten Paris schließlich gesehen! Zumindest den Eiffelturm und Notre-Dame. Wir nickten also verzweifelt und gaben ihnen recht. Manchmal sahen wir sie auch etwas ungläubig an, wenn wir sie zum Beispiel durch Loschwitz oder Radebeul führten und sie etwas von mediterranem Flair erzählten. Für uns lag Dresden noch immer an der Elbe, und die die Stadt umgebenden Hänge waren auch für die nächsten Jahre unser Horizont.

In den meisten Reiseführern wird man Gorbitz, Prohlis, Reick und die Johannstadt vergeblich suchen, doch auch sie gehören zu Dresden. Aus den Vorzeigeorten des sozialistischen Wohnungsbauprogramms ist das Armenhaus der Stadt geworden. Vierzig Prozent der Familien, so sagt eine aktuelle Statistik, sind hier von Armut betroffen. Daran konnten auch der begonnene Rückbau und gut gemeinte Aufwertungsversuche bisher wenig ändern. Die neue soziale Kluft ist mit ein bisschen Behübschung nicht zu überbrücken. Hat es aber etwas mit Dresden zu tun, wenn vierzig Prozent der laut Statistik von Armut Betroffenen sich selbst nicht als arm empfinden?

Wir wären nicht in Dresden, würde nicht auch um den Umgang mit dem Erbe des sozialistischen Städtebaus ein heftiger Streit entbrennen. Die einen sehen darin einen *steingewordenen Bericht des Politbüros an das Zentralkomitee* oder ein *Gruselkabinett städtebaulicher Sünden schlecht-*

hin, andere ein Stück *Weltkultur der Nachkriegsmoderne* oder eine der *herausragendsten Raumschöpfungen des 20. Jahrhunderts.*

Man muss auch die Kauf- und Bürohausarchitektur der Nachwendejahre in der Innenstadt nicht schön finden, doch wenigstens bietet sie dem Wind die Stirn, und es wurde mit ihr ein Grad der Verdichtung erreicht, der der Bezeichnung Stadt wieder eine gewisse Berechtigung verleiht. Na gut, diese Stadt müsste nicht unbedingt Dresden heißen, Steuern kann man auch anderswo abschreiben. Viel zu oft wurde der einstige Wunsch nach Licht, Luft und Sonne nun als Platzverschwendung denunziert und die Gewinntauglichkeit jedes Quadratmeters zur neuen Maxime erhoben. *Blühende Landschaften* kann man sich anders denken.

Was Häuser und Wohnungen betrifft, lässt sich aber nicht nur über Ästhetik streiten. In Dresden beschloss der Stadtrat 2006 nach langem und heftigem Streit als erste deutsche Kommune den Verkauf sämtlicher kommunaler Wohnungen an einen amerikanischen Investor. Die Stadt war damit über Nacht schuldenfrei und gewann gleich mehrere Alleinstellungsmerkmale hinzu. Die Stadt Berlin mag arm, aber sexy sein, die Stadt Dresden ist schuldenfrei, aber wohnungslos. Mit dem Verkauf verlor zudem die gute Hälfte der Stadträte der Linksfraktion, die für den Verkauf gestimmt hatte, ihr politisches Obdach. Seither hat Dresden als einzige Stadt in Deutschland zwei Linksfraktionen, die heftig darüber streiten, welche nun die wahre sei und wen, weil zu spät gekommen, das Leben oder die nächste Wahl bestrafen wird. Und mit dem Schulterschluss der linken Verkäufer mit dem bürgerlichen Lager besitzt die Stadt auch eine Koalition der Willigen, was in den Berliner Parteizentralen nur allzu gern verschwiegen wird.

»Wer zu spät kommt, den bestraft das Leben.« Die Züge der Deutschen Reichsbahn hatte der Vorsitzende des Präsidiums des Obersten Sowjets, Genosse Michail Sergejewitsch Gorbatschow, nicht im Sinn, als er in seiner Rede zum vierzigsten Jahrestag der Gründung der Deutschen Demokratischen Republik diese Worte sprach, dennoch spielen die folgenden Szenen im und vor dem Dresdner Hauptbahnhof. Im Mai 1989 begannen ungarische Soldaten mit dem Abbau der Grenzanlagen zwischen Ungarn und Österreich, was in den folgenden Monaten eine der größten Massenfluchten in der Geschichte der DDR auslöste. Als die SED-Führung daraufhin den Reiseverkehr nach Ungarn einstellte, suchten Zehntausende in den bundesdeutschen Botschaften in Prag und Warschau Zuflucht. Anfang Oktober wurde ihnen die Ausreise gestattet, mit Zügen der Deutschen Reichsbahn und über das Territorium der DDR, also auch durch den

Dresdner Hauptbahnhof. Gleichzeitig wurden die Grenzen gen Osten für alle anderen dichtgemacht. Dann überstürzten sich die Ereignisse. Am Abend des 3. Oktober versammelten sich zweitausend Menschen auf dem Leninplatz vorm Hauptbahnhof, wo damals noch Wladimir Iljitsch als »roter Bahnhofsvorsteher« mit wehendem Mantel über den Platz schritt und ein Genosse mit Thälmannmütze seine granitrote Faust in den »italischen« Himmel über Dresden reckte. »Wir wollen raus!«, riefen die meisten. Der Bahnhof wurde durch *konzentrierten Kräfteeinsatz mit Anwendung des Schlagstocks* geräumt. Manche gingen nach Hause, einige liefen auf den Gleisen Richtung Grenze, viele blieben. Am nächsten Tag waren es schon zwanzigtausend. Es flogen Brandflaschen und Pflastersteine, Wasserwerfer und Tränengas wurden eingesetzt, am Abend stellte man den Eisenbahnverkehr ein. Manche gingen nach Hause, viele wurden verhaftet, die meisten blieben. Die Volkspolizei und die Angehörigen des Ministeriums für Staatssicherheit wurden durch Einsatz-Hundertschaften der Nationalen Volksarmee und Kampfgruppen unterstützt. Massenverhaftungen, Schläge, Einrichtung von *zentralen Zuführungspunkten.* LQI, die Sprache des vierten Reiches. Die »Chinesische Lösung« lag in der Luft. Friedensgebete in den Kirchen, von der Bühne des Schauspielhauses verkündeten Schauspieler, aus ihren Rollen herauszutreten. Die

Demonstranten riefen »Keine Gewalt!« und nun auch »Wir bleiben hier!«. Am Abend des 8. Oktober – am Tag zuvor war in Berlin in einem gespenstisch anmutenden Akt der vierzigste Jahrestag gefeiert worden – kam es in einem Kessel von Demonstranten auf der Prager Straße zur Bildung der Gruppe der 20, einem Kreis eher zufällig ausgewählter Personen, Ingenieure, Kraftfahrer, Schlosserlehrlinge, Studenten, Schwesternschülerinnen, die in Verhandlungen mit der Staatsmacht treten sollten. Die »Wende« hatte begonnen. Jedenfalls hielt Egon Krenz es für eine Wende, andere nannten es »friedliche Revolution«. Montagsdemonstrationen, Rathausgespräche, die Besetzung der Dresdner MfS-Zentrale an der Bautzner Straße, ein »deutscher Herbst« der anderen Art. Unvergessliche Monate voller Angst und glücklicher Rauschzustände, Hoffnungen und Zweifel, fieberhafter Aktivitäten und Phasen der Agonie. Endlose Versammlungen und Tage, die wie im Zeitraffer vergingen. Utopien und harte Realitäten. Unerträgliche Ungeduld und das Gefühl, alles gehe viel zu schnell. Der Selbsterkenntnis »Wir sind das Volk!« folgte die Forderung »Wir sind ein Volk!«. *Die Zeit fährt Auto,* hatte Kästner gedichtet. Jetzt raste sie ungebremst dahin. Jedes Jahr am 13. Februar Kerzen vor der Ruine der Frauenkirche, Gedenken und stiller, mutiger Protest einiger weniger. Am 19. Dezember 1989 bedarf es keines Mutes mehr, da spricht Helmut Kohl an gleicher Stelle. »Ich lasse euch nicht im Stich!«, sagt er, und Zehntausende jubeln ihm zu. Sein Parteifreund Herbert Wagner, mit Verspätung zur Gruppe der 20 gestoßen, aber früh genug, um erster frei gewählter Oberbürgermeister zu werden, verkündete im Februar 1992: »Nach den ersten freien Wahlen haben diese Bürgerbewegungen, die auf parlamentarische Demokratie abzielten, ihre Bedeutung verloren. Dauerhafte Träger der Politik sind Parteien.« Basta. Es kam, wie es kommen musste. »Dresdner Herbst«, so nennt sich heute eine Verkaufsmesse ortsansässiger Gewerbetreibender.

Einige Jahre später gingen noch einmal Bilder vom Dresdner Hauptbahnhof um die Welt. Während des Hochwassers vom August 2002 suchte die Weißeritz, der wichtigste Nebenfluss der Elbe in Dresden, dem man hundert Jahre vorher wegen des Baus der Eisenbahnstrecke zwischen Hauptbahnhof und Bahnhof Neustadt einen neuen Verlauf gegeben hatte, wie schon bei vergangenen Hochwassern ihr altes Bett; diesmal aber reichte auch dies nicht aus, und so wurde der Hauptbahnhof von einem reißenden Strom durchflutet. Heute schützt ein wolkiges Teflonmembrandach von Norman Foster den Hauptbahnhof zumindest gegen Wasser von oben.

Der Leninplatz heißt heute Wiener Platz, das Lenindenkmal ist längst abgebaut worden und dabei in die Brüche gegangen. Der Münchner Konzeptkünstler Rudolf

Herz hat die Bruchstücke später auf einen Tieflader ge-
spannt und sie als *Lenins Lager* durch halb Europa gekarrt
und dabei auch in Dresden haltgemacht. Irgendwie aber
hat sich Lenin gerächt, die Baugrube, die in der Nähe aus-
gehoben wurde, wahrscheinlich für ein Einkaufszentrum
oder ein Hotel, ist seit Jahren eine Baugrube, mich würde
es nicht wundern, wenn es die am längsten als Baugrube
existierende Baugrube Europas wäre.

3

Szenen aus der Szene oder
Dresdens Bunte Republik

F ast wäre auch aus Dresdens Äußerer Neustadt eine
riesige Baugrube geworden. Die wirtschaftliche Im-
potenz der DDR und die Ereignisse vom Herbst 1989 aber
haben diesem Stadtteil das Leben gerettet. Die Bombardierung von 1945 hatte das Gründerzeitviertel im Norden des Zentrums fast schadlos überstanden, weshalb
manche es heute für eines der größten geschlossenen Ge-
biete dieser Art in Europa halten, aber nach vierzig Jahren
DDR drohten die meisten Häuser von allein einzustür-
zen. »Ruinen schaffen ohne Waffen« lautete das bittere
Fazit der Bewohner. In der ganzen Stadt gab es gerade
mal zwölf Dachdecker und sechstausend kaputte Dä-
cher. Nahezu das gesamte Quartier war zum Abriss vor-
gesehen. Nomen war in der Neustadt damals also nicht
Omen, doch das Gebiet war ja schon immer auf Sand gebaut, dem Schwemmsand der Elbe. Früher hatte hier, vor
dem Schwarzen Tor, immerhin *ein steinerner und in seiner
Art sehr kostbarer und anständiger Galgen* gestanden.

Seinen Namen bekam der Stadtteil, nachdem ein verheerender Stadtbrand 1685 das aus einer slawischen Siedlung hervorgegangene rechtselbische Altendresden vernichtete und August der Starke seinen Lehrer und Architekten Wolf Caspar von Klengel auf dem Gebiet die Neue Stadt bey Dresden errichten ließ. Die erstreckte sich zunächst innerhalb der alten Festungsanlagen, sodass man heute in diesem Teil der Neustadt, der Inneren nämlich, rings um die Königstraße die ältesten erhaltenen Wohnhäuser Dresdens findet. Was an Wohnhäusern am Neumarkt in der Altstadt neu und was Kopie ist, ist hinter dem Neustädter Markt in der Neustadt alt und original, zumindest, was die Mauern betrifft. Das Gebiet außerhalb des ehemaligen Festungsrings, die Äußere Neustadt also, wurde dagegen überwiegend am Ende des neunzehnten Jahrhunderts bebaut, als Dresden auf dem Weg war, sich zur viertgrößten Stadt im Deutschen Reich zu entwickeln.

Der zentrale Platz auf Neustädter Seite und gleichzeitig eine Art Grenze zwischen Innerer und Äußerer Neustadt ist der Albertplatz. Nach Niederlegung der Festung angelegt, soll er unter der Bezeichnung Bautzner Platz Mitte des neunzehnten Jahrhunderts einer der schönsten Plätze Deutschlands gewesen sein. Nach dem Deutsch-Französischen Krieg wurde er nach Kronprinz Albert benannt, dem Befehlshaber der sächsischen Truppen, und sollte seinen Namen in der Geschichte noch mehrmals ändern. Nomen est omen. Ab Sommer 1945 hieß er für einige Monate Platz der Roten Armee, ab Frühjahr 1946 dann Platz der Einheit. Ein Jahr nach dem Vollzug der deutschen Einheit gab man ihm den Namen Albertplatz zurück, weil die Einheit, die man nach dem Krieg gemeint hatte, nicht die deutsche, sondern die der Arbeiterklasse war, oder zumindest die ihrer Partei. Die Dresdner, die etwas auf Dresden halten, haben natürlich immer Albertplatz gesagt. Manchmal muss man in Dresden, um recht zu haben, nur lange genug warten können. Auch die den Albertplatz dominierenden Rundbrunnen von Robert Dietz standen nicht immer dort. Während das *Stille Wasser* über Jahrzehnte ungestört dahinplätschern durfte, mussten die *Stürmischen Wogen* Ende 1945 dem Ehrenmal der Sowjetarmee weichen. Ein Soldat mit Stahlhelm und wehendem Mantel, die Kalaschnikow vor der Brust, in der linken Hand eine Fahne, in der rechten eine Handgranate, den Arm ausholend und zum Wurf bereit. Ich weiß nicht, wie oft ich an diesem Ehrenmal vorbeigegangen bin, aber ich glaube mich zu erinnern, dass die zum Wurf bereite Handgranate der Lieblingslandeplatz einer Taube gewesen sein muss, die ihr friedliches Geschäft verrichtete, wo sie eben saß, weiß der Geier, warum. Heute dürfen die Wogen wieder stürmisch sein, das Ehrenmal wurde vors Militärhistorische Museum umgeparkt, und die Tauben sitzen auf den Bänken neben den Trinkern, von denen nur manchmal einer drohend mit der Bierflasche zum Wurf ausholt.

Wie ich in die Neustadt kam? Ich weiß es noch ganz genau. *Am Himmelfahrtstage, nachmittags um drei Uhr, rannte ein junger Mensch in Dresden durchs Schwarze Tor …* So könnte es gewesen sein, stünde es nicht schon in E. T. A. Hoffmanns Märchen *Der goldene Topf*. Anders als der Student Anselmus kam ich wahrscheinlich mit der Straßenbahn. Doch zumindest der Archivarius Lindhorst hatte Gespenster-Hoffmanns Zeiten überdauert, er hieß nun Leukroth und hauste mit seiner ewig Fräulein gebliebenen Tochter im Antiquariat Dienemann zwischen zimmerhohen Regalen und imposanten Möbeln aus der Gründerzeit, die meinem Bücherschrank ähnelten. Von seinen Büchern und Möbeln sowie der Gipsbüste des Dichterfürsten wischte ich, ehemaliger Student der Sektion Bauingenieurwesen und mittlerweile als Forschungsingenieur eines großen Kombinats an der Verwirklichung des Wohnungsbauprogramms der Sozialistischen Einheitspartei Deutschlands freiwillig gescheitert, den Staub, rettete die Torsobände diverser Klassikerausgaben vor der Makulierung und wurde darüber zum Schriftsteller. Argwöhnisch beäugt vom ewigen Fräulein, dem jede Literatur nach Hermann Hesse als suspekt galt. Wie ein Märchen auch das. Und selbst heute noch habe ich manchmal den Verdacht, dass Dresden ein Märchenort ist, dass es Dresden nicht wirklich gibt, jedenfalls nicht als städtische Einheit. Denn wenn ich in der einen Richtung über den ehemaligen Platz der Einheit gehe, gehe ich in die Stadt; wenn ich von der anderen Seite komme, komme ich nach Hause. Wahrscheinlich gibt es überall in der Stadt solche Orte, gefühlte Grenzstellen, wo die Loschwitzer oder Blasewitzer genauso ihre persönlichen Weichbildsteine in den Boden rammen wie ich am Albertplatz, die Kleinzschachwitzer in Kleinzschachwitz sowieso. Hier, sagen sie alle, nur hier ist das wirkliche Dresden. Mögen in dreißig Orten der Welt Dresdner wohnen, in Dresden wohnen, seit es Dresden nicht mehr gibt, Loschwitzer und Kleinzschachwitzer und Neustädter und was weiß ich.

Die erste Wohnung, die ich nach der Studentenbaracke bezog – an ihrer Stelle steht heute ein unansehnliches Hotel, das die Barackenarchitektur der Nachkriegszeit auf ewig betoniert hat –, die erste Wohnung also, die ich in der Neustadt bezog, »schwarz« wie so viele damals, stand in einem Hinterhof und war ein eingeschossiger Flachbau, der aus drei hintereinanderliegenden Zimmern bestand, die sich an die Rückseite einer Schlosserei schmiegten, deren Geschäfte gut zu laufen schienen – auf jeden Fall gehörte lautes Klappern zum Handwerk. Die Trennwand war dünn, zur Toilette ging es bei jedem

Wetter über den Hof, der am Fuße einer riesigen Brandmauer lag, die noch die Konturen abgerissener Wohnungen trug: Mauervorsprünge, Fetzen von Tapete und ein
Schornstein, der die Mauer überragte und sich bedroh-
lich neigte. Die Reste einer Treppe, sogar ein Geländer
für diesen Weg aus der Leere ins Nichts. In der nächsten
Wohnung musste ich, wenn ich mal musste, nur über den
Flur, es waren die Hinterzimmer einer Heißmangelan-
stalt – kein Wunder, dass ich an den Dorfbäcker meiner
Kindheit dachte und mich sofort heimisch fühlte. Das
ging noch eine Weile so weiter, ich war in der Neustadt
sesshaft geworden, zog von Wohnung zu Wohnung und
lebte wie ein Nomade.

Sagten wir damals schon Szeneviertel? Ich glaube nicht.
Wir lebten unser Leben. Die Kneipen hießen Goldquelle
und Nordpol, Konzertklause, Mokka-Perle und Hebe-
das Familieneinkehr. Im Goldnen Hufeisen, auch Hap-
peldiele genannt, wurde Pferdefleisch verkauft. Überall
saßen die heiligen Trinker, die hinter vergilbten Gardi-
nen mit blutunterlaufenen Augen und Ernsthaftigkeit ihrem ehrlichen Geschäft nachgingen und an betuchten Ti-
schen Striche auf Bierdeckel sammelten. Die Blumen in
den Vasen waren aus Plaste, das Bier kostete vierzig Pfennig. Beim Nachtportier vom Hotel Rothenburger Hof
gab es Flaschenbier und ungarischen Rotwein die ganze
Nacht. Eine trickreich präparierte Telefonzelle am Neu-

städter Bahnhof spuckte nach einigen gezielten Schlägen die nötigen Münzen, oder wo auch sonst das Kleingeld herkam – jedenfalls nicht von der Dresdner Bank. Die Läden hießen Lebensmittel-Otto, Eisen-Feustel und Zigarren-Barth. Bei Lebensmittel-Otto konnte man Kaffee rösten lassen, bei Eisen-Feustel verkauften zwei jungfräuliche Damen in gemusterten Schürzen Schrauben und Nägel stückweise, und bei Zigarren-Barth, der einen weißen Schoßhund sein Eigen nannte, konnte man sogar telefonieren. Es gab den Friseursalon Kahl und den Glasermeister Hackebeil. Zum Friseur ging ich nie, beim Glaser gab es Kitt für die maroden Fenster. Aus den Dachrinnen wuchsen Birken mit armdicken Stämmen, die Zinkwannen standen nicht im Bad, sondern auf dem Dachboden und fingen das Regenwasser auf. Wir lebten in der größten DDR auf dem Globus wie unter einer Käseglocke, auf dem Hauptpostamt 6 in der Otto-Buchwitz-Straße aber versprach eine Leuchtschrift *Post in alle Welt – aus aller Welt.* Die Haustüren standen meist offen, über Westbesucher führte der Hausbuchführer Buch. Das Leben war bunt, die Fassaden waren grau und bröckelten, mit Brettern vernagelt manche Fenster und Köpfe. Auf den kopfsteingepflasterten Straßen standen nur wenige Autos, Kohlen-Lothar zog mit Muskelkraft und rußgeschwärztem Gesicht seinen Holzkarren, dessen eisenbeschlagene Räder laut übers Kopfsteinpflaster ratterten, während man bei Hugo Kästner auf der Louisenstraße im weißen Kittel hygienischen Gummischutz diskret versandte. Der Leerstand an Wohnungen war enorm, in den restlichen lebten Studenten, Künstler und Dichter ohne Werk, Lebenskünstler, Musiker mit oder ohne Talent, Arbeiter mit Arbeit und jede Menge Kinder. Alte und rudelweise Hunde sowieso. Die Hunde hatten keinen Anstand und schissen auf die Welt. Einige der Alten waren seit Jahrzehnten ausgebombt. Essenausträger für die Volkssolidarität galt als beliebter Job. Manchmal starb einer der Alten, manchmal ging ein Junger nach Berlin oder gleich in den Westen, aus den Dörfern und Kleinstädten der Umgebung kamen andere. Man hatte viele Freunde, den meisten konnte man trauen, manchem misstraute man, zuweilen, sagten später die Akten, hatte man sich darin geirrt. Wir hatten Spaß oder schimpften wie die Rohrspatzen. Irgendwann, dachten wir, müssen die Greise an der Spitze doch sterben. Wir redeten viel, weil Reden im Verborgenen nichts kostete, manchmal nahmen wir all unseren Mut zusammen, wir stempelten Buchstaben zu Zeitungen und nähten die Blätter auf der Nähmaschine zusammen. Später hieß es, das sei der Untergrund gewesen. Wir waren voller Ungeduld und hatten unendlich viel Zeit. Es hätte noch jahrelang so weitergehen können und konnte doch nicht so weitergehen.

Im Frühjahr 1989, wie gesagt, stand die alte Neustadt

zum Abriss, und die DDR war fast am Ende. Das eine pfiffen die Spatzen von den kaputten Dächern, das andere war augenfällig und doch nicht zu glauben. Genauso wenig wie die Ergebnisse der letzten Kommunalwahlen, deren Auszählung wir überwachten und dabei zu anderen Resultaten kamen als das Zentralorgan. Also weiter wie bisher? Im Sommer wurde eine Bürgerinitiative gegründet, in deren Statut eine naive Utopie vorsichtig zum realistischen Ziel erklärt wurde: *Lehren ziehend aus den katastrophalen Folgen bisheriger bürokratischer Administration müsste zukünftige Kommunalpolitik auf dem Wege weitestgehender Selbstverwaltung durch die im Gebiet lebenden Menschen realisiert werden.* Der politischen Lyrik folgte die prosaische Arbeit. Darüber wurde es Herbst, und plötzlich schien alles möglich. Von der Fassade der DDR bröckelte der Putz, die Fundamente waren auf Sand gebaut, der Staat wankte und fiel, die Neustadt hielt sich tapfer und blieb trotzig stehen. Abrissstopp, später die Erklärung zum Sanierungsgebiet, eine Milieuschutzsatzung, wir taumelten trunken von Sieg zu Sieg. Mancher war mühsam errungen, manchen redeten wir uns ein, mit Illusionen und Träumen hatten wir Übung. Und nun auch Orte, diesen Illusionen und Träumen nachzugehen. In alten Läden, Wohnungen und Kohlenkellern entstanden die ersten Szenekneipen. Man stellte Stühle und Tische auf, oder alles, was als Stuhl und Tisch dienen konnte, man kümmerte sich nicht um Mietverträge, Steuern und Hygienevorschriften, die Freiheit war mehr als ein Wort. Eine der ersten neuen Kneipen nannte sich Bronxx und firmierte im Untertitel als Coffee-Shop, was eigentlich eine Lüge war, obwohl man die Wahrheit natürlich riechen konnte. Die Bronxx fiel nach wenigen Monaten einem Brandanschlag von Neonazis zum Opfer, die auch gelernt hatten, das Wort Freiheit auf ihre Weise zu buchstabieren, und manche Nacht durch die Straßen zogen. Später wurden die Reviere abgesteckt, die Himmelsrichtungen hießen nun links oder rechts. Die Neustadt jedenfalls ließ keinen Zweifel, wo sie lag.

Im Jahr der Währungsunion – die D-Mark schickte ihren Schein schon voraus – wurde die Bunte Republik Neustadt (BRN) ausgerufen, die Mutter aller Dresdner Bürgerfeste vom Pieschener Hafen über den Elbhang bis zur Laubegaster Insel, und damals doch viel mehr als ein Fest. Die Grenzen waren mit weißer Farbe gezogen, in den Wechselstuben lachte Mickymaus aus dem Ährenkranz von den Geldscheinen, eine Neustadt-Mark wurde gegen eine Ost-Mark oder zwei West-Mark getauscht. Das Zentralorgan hieß Schild, der Regierungschef nannte sich Monarch, der sächsische Ministerpräsident schlug eine offizielle Einladung zu einer Audienz aus. »Machd doch euern Dregg alleene!« Also machten wir. *Die Häuser gehören denen, die darin wohnen und ar-*

beiten. *Die Häuser und der Grund, auf dem sie stehen, sind unverkäuflich,* lautete das Dekret Nummer zwei der Provisorischen Regierung. Mehr Nostalgie und Vorahnung war nie. Und nie wieder so viel Kreativität. Auf Graffiti an den Häuserwänden wurden Miethaie zu Fischstäbchen gemacht, Autos verschwanden unter Rollrasen, und zwei beleibte Unwesen hechelten sich auf einer Brandmauer kopulierend zur Wiedervereinigung. Und Ohnmacht war, die sich in hilflosen Gesten Luft machte. Die leuchtenden Reklamekästen mit der Aufschrift *Test the West* gingen immer wieder zuverlässig zu Bruch. Das Fest dauerte damals drei Tage und wird noch heute jedes Jahr gefeiert. Die Zahl der Getränkestände nimmt von Jahr zu Jahr zu, und ein paar Kneipenwirte haben die Provisorische Regierung mit einem Staatsstreich übernommen.

Heute sind die Häuser dank harter Währung saniert, die letzten Ruinen standen am Neustädter Bahnhof und wurden von einem Filmteam in Brand gesetzt, das nach passenden Kulissen für einen Film über die Zerstörung Dresdens suchte. Manche Häuser gehören sogar denen, die darin wohnen. Die kühnsten Träume sind gescheitert, die schlimmsten Befürchtungen haben sich nicht erfüllt. Die Hauswand mit der Aufschrift *Lasst euch nicht BRDigen* ist längst mit weißer Farbe übertüncht. Die Bäume stehen vorschriftsmäßig an den Straßen, und ein freier Parkplatz gilt als hohes Gut. Die zumeist begrünten Hinterhöfe sind noch immer Oasen der Stille. Die meisten Haustüren sind abgeschlossen, wie die Versicherung es verlangt. Dass das Leben trotz allem hier jung und spontan ist, bunt und vital, weiß mittlerweile jeder Reiseführer als Geheimtipp zu vermelden. Die Kunsthofpassage mit ihren thematisch gestalteten Innenhöfen zwischen Alaun- und Görlitzer Straße ist ein Kleinod, sagen die Stadtführer hinter vorgehaltener Hand, und die Fahrer der Reisebusse verordnen ihren Passagieren wie bei Pfunds Molkerei einige Minuten Freigang. Sie alle haben recht, zumindest strafen die Zahlen sie nicht Lügen. Mehr als die Hälfte der Einwohner sind zwischen 25 und 44 Jahre alt, der Ausländeranteil ist doppelt so hoch wie in der gesamten Stadt, die Grünen gewinnen bei Wahlen über fünfzig Prozent. Auf mancher Mülltonne steht: Offizielle Nazientsorgungsstation. Der Müll wird streng getrennt. Die Läden heißen Asgard, Supreme, Bettertimes und sneaker world. Sogar bei Neustädtern hält sich hartnäckig das Gerücht, man brauche die Neustadt zum Einkaufen gar nicht verlassen, weil es in der Neustadt ja alles gebe. In Wahrheit ist es einfacher, einen Stahlhelm zu kaufen, einen Feldspaten oder eine handgestrickte Pudelmütze aus dem peruanischen Hochland, als beispielsweise einen simplen Kochtopf. Nun gut, kann man sagen, was braucht man einen simplen Kochtopf, wenn es an jeder Ecke einen Dönerstand gibt und bei Farben-Martin neuerdings organic ayurvedic Fastfood? Es gibt auch zahlreiche Galerien, jeder Architekturstudent scheint schon im letzten Semester ein Büro zu eröffnen, und die Kneipendichte ist enorm, manche halten sie … na ja, Sie wissen schon. Wobei Kneipe eigentlich nicht das richtige Wort ist, der Zeitgeist sagt Bar oder Lounge oder Devils Kitchen oder Groovestation oder erfindet Namen, die auch kein deutsches Wörterbuch kennt. Jede Woche gibt es irgendwo eine Neueröffnung, und manchmal, wenn ich durch die Straßen gehe, wette ich mit mir, wie lange dieser Laden oder jene Kneipe durchhalten wird. Bei den zahlreichen Friseursalons von haarsteel über Director's Cut bis Hauptsache Haubner liege ich noch immer zuverlässig falsch, im Falle des Gardinenparadieses aber, dem ich großzügig ein Vierteljahr zugestand, behielt ich recht, haargenau nach drei Monaten waren die Rollläden dicht.

Am schönsten aber ist es am Wochenende. Am Wochenende kommen die Wallfahrer aus der Provinz und wollen zeigen, wie jung und stark sie sind und wie viel sie vertragen. Sie haben Ausgang bis zum Morgen, wenn die Straßenkehrer die Scherben zusammenfegen und die Häftlinge aus der Justizvollzugsanstalt den Müll von den Wiesen des Alaunplatzes sammeln, unter dessen Grasnarbe der Trümmerschutt meterdick liegt und an dessen Eingang ein Hundekottütenspender auf verlorenem Posten steht. Immerhin liegt die Hundescheiße seitdem schon mal ordnungsgemäß verpackt am Straßenrand. Über dem Platz vorm Jugendzentrum Scheune in der Alaunstraße wacht das Auge des Gesetzes; was ihm entgeht, wissen die Speicher nimmermüder Handys. Junge Mädchen sind die ganze Nacht auf ehrenamtlicher Werbetour für Zahnspangen, Winterbräune und ewige Jugend. Doch auch in der Neustadt wird man älter und weiß dann plötzlich nicht mehr, warum man den Kaffee heute unbedingt im Gehen und aus Pappbechern trinken, sich ab einer bestimmten Zeit nur noch mit einer Bierflasche in der Hand auf der Straße zeigen und seine Klamotten ausgerechnet im Abaddon Mystic Store kaufen soll.

Immer wieder wird die langsam über Jahrzehnte gewachsene Struktur der Neustadt als Vorzug gelobt. Nach der Wende freilich wurde heftig gedüngt, und man kann den Eindruck gewinnen, ein riesiges Gewächshaus sei über das Viertel gestülpt worden. Da schoss manches ins Kraut, anderes verwelkte in der Hitze des Investitionsklimas. Mancher Bock wurde zum Gärtner gemacht, und es wurde kräftig gejätet. Viele Blüten erstrahlten schöner denn je, und manchmal findet man sogar noch ein Mauerblümchen. Noch in den achtziger Jahren glich die Neustadt einem Dorf, man kannte sich, traf in den Kneipen die gleichen Leute. Heute hat man den Eindruck, ein Teil der Bevölkerung wird alle paar Semester ausgetauscht. Der Eindruck täuscht nicht, und man staunt, wie wenig sich das Leben dadurch verändert. Vielleicht gibt es ja auch ein Neustadt-Gen. Die Äußere Neustadt jedenfalls ist vital genug, sich und ihren Mythos täglich neu zu erfinden, und bleibt sich doch irgendwie treu.

Am Anfang des vorigen Jahrhunderts baute man vor den Toren Dresdens noch einmal eine neue Stadt, bei der sogar der Name eine Neukreation war. Die Au am Heller wurde zu Hellerau. Aber nicht nur das. Was als neuer Produktionsstandort und als Siedlung für die Beschäftigten der Deutschen Werkstätten des Möbelfabrikanten und Sozialreformers Karl Schmidt begann, entwickelte sich innerhalb kurzer Zeit zur ersten deutschen Gartenstadt und einem Zentrum der Moderne von Weltrang. Leider ging das alles auch sehr schnell vorbei, die Dresdner aber nennen Hellerau noch heute weltberühmt, auch wenn man sich bei Nennung des Namens vermutlich schon in Chemnitz, Leipzig und Dresden-Prohlis fragend ansieht und ratlos mit den Schultern zuckt. Zugegeben, Chemnitz und Leipzig sind nicht die Welt, und zumindest in den knapp zwei Jahrzehnten seiner Blüte war Hellerau so bunt und international, wie die Bunte Republik Neustadt es sich nicht einmal erträumt hat. Der in Neapel geborene Weltbürger und Nationalökonom Wolf Dohrn, erster Geschäftsführer des Deutschen Werkbundes, wollte nichts weniger als den Ausgangspunkt einer neuen geistigen Kultur, Schmidt baute seine modernen Möbel, darunter mit dem *Dresdner Hausgerät* das erste Industriemöbelprogramm Deutschlands, die Architekten Richard Riemerschmid und Hermann Muthesius entwarfen ihre Garten- und Werkmeisterhäuser, Heinrich Tessenow das Festspielhaus mit Anklängen an die griechische Tempelarchitektur und verzierte dessen Spitzgiebel mit dem Yin-Yang-Motiv. Der Schweizer Tanzpädagoge Emile Jaques-Dalcroze gründete seine Bildungsanstalt für Musik und Rhythmus, aus der Mary Wigman hervorging, der Franzose Paul Claudel ließ seine Stücke aufführen, der Schweizer Adolphe Appia gestaltete die Bühne, der Grieche Peter Demeter druckte Bücher des Österreichers Jacob Hegner mit Typen des in Estland geborenen Kunstschmieds Georg de Mendelssohn, der Schotte Alexander Sutherland Neill, Gründer des Antiautoritätsprojektes Summerhill, reformierte mit seiner Internationalen Schule das Bildungswesen. Maler, Komponisten, Schriftsteller siedelten sich an, dazwischen tummelten sich Bohemiens und Sonnenanbeter, Wandervögel und Vegetarier, später Bauernhochschüler und Anthroposophen, Kommunisten, Nordlandfahrer und Hakenkreuzler, und mittendrin versuchten die Arbeiter der Deutschen Werkstätten ihre Miete aufzubringen. Kafka, Werfel und Rilke kamen aus Prag und Wien zu Besuch, ebenso der belgische Maler und Architekt Henry van de

Velde und der jüdische Religionsphilosoph Martin Buber, dazu Annette Kolb, Oskar Kokoschka, Max Reinhardt, Gerhart Hauptmann, Stefan Zweig, Else Lasker-Schüler oder Lou Andreas-Salomé – um nur einige zu nennen.

Der Prager Dichter Paul Adler lebte in Hellerau, bis die Nazis ihn aus seiner Wohnung prügelten und aus Hellerau ein »Bayreuth des völkischen Dramas« zu machen versuchten, doch es war nur eine Schmierenkomödie, das Festspielgelände wurde Kaserne für die Reichspolizei, später für die SA. Nach dem Krieg musste das Yin-Yang-Symbol am Festspielhaus dem roten Stern weichen, der Theatersaal wurde erst Lazarett und dann Sporthalle der Sowjetarmee. Heute wird hier wieder getanzt und Theater gespielt. Die äußere Hülle steht, auch die Häuser der Gartenstadt wurden saniert, ein Europäisches Zentrum der Künste und die zwischen Frankfurt am Main und Hellerau pendelnde Tanz-Company von William Forsythe versuchen, etwas vom avantgardistischen Geist der Anfangsjahre zurückzubringen, doch im weltberühmten Hellerau tanzt die weltberühmte Company meist vor spärlich besetzten Rängen. Als Lebensmodell und Gesamtkunstwerk wird Hellerau ohnehin nicht wieder zu erwecken sein. Hellerau ist ein bewohntes Flächendenkmal. Wie Dresden ist auch die Gartenstadt ein Mythos, der die Vergangenheit als glanzvolle Zeit beschwört und als Beweis die Theorien und Urteile der Protagonisten zi-

tiert. Vielleicht war aber die soziale Seite der Reformbe-
wegung schon in den ersten Jahren von Hellerau gescheitert. *Wohl hatte man aller Welt verkündet, die rhythmische
Gymnastik sei das Allheilmittel, durch das sich alle Probleme des sozialen Lebens lösen ließen; aber all das vermochte
die Überzeugung in mir nicht zu unterdrücken, dass es zwar
schöne Leibesübungen seien, aber weiter nichts,* schrieb der
böhmische Wanderarbeiter Wenzel Holek, der für *nur 39
bis 40 Pfennig Stundenlohn* in den Deutschen Werkstätten gearbeitet hatte und sich über den Standesdünkel der
Künstler beklagte.

In den fünfziger Jahren wurden die Hellerauer Möbel sogar zum ideologischen Problem. Der Vorwurf des
Formalismus stand im Raum. Walter Ulbricht bezeich-
nete das mit Hellerauer Mobiliar ausgestattete und inzwischen abgerissene Hotel Astoria als »Schreckenskammer«. Die Bevölkerung störte das wenig, Hellerauer
Möbel waren begehrt, und manchmal, wenn auf der
Thälmannstraße nicht nur Schreibmaschinen, sondern
Hellerauer Schrankwände avisiert waren, bildeten sich
»sozialistische Wartegemeinschaften«.

Die Deutschen Werkstätten produzieren heute für
russische Millionäre oder deutsche Konzerne, und Hellerau ist jetzt mehr Gartenstadt als in den Jahren seiner
Blüte. Die Bäume sind gewachsen und die Häuser hübsch
saniert, die Vorgärten gepflegt, die Hecken ordentlich

verschnitten und die Zäune frisch gestrichen, man kann sich vorstellen, hier alt zu werden. Ob es aber noch Platz hätte für einen wie den Vagabundendichter Ivar von Lücken? Der Sohn eines mecklenburgischen Offiziers und einer russischen Prinzessin, 1874 in Wiesbaden geboren, galt als der Dresdner Peter Altenberg, ein absonderlicher Mann in zerschlissenen Kleidern, lang, hager und bleich, der für ein warmes Essen Calderon und Cervantes übersetzte oder seinen Gönnern ein Gedicht hinterließ. Im Sanatorium auf dem Weißen Hirsch hatte ihn der Arzt Dr. Teuscher vom Militärdienst befreit, wie er es auch bei Walter Hasenclever tat. In der benachbarten Pension Felsenburg auf dem Rissweg trafen sich bei Mutter Nachtwey die Expressionisten. Außer Hasenclever und von Lücken auch Oskar Kokoschka, Rudolf Leonhardt, Paul Kornfeld oder der Prager Schauspieler Ernst Deutsch. Kurt Pinthus kam aus Berlin und sammelte Geld für die Herausgabe der *Menschheitsdämmerung*. Es war die Zeit, als man den Revolutionären Rat der Geistesarbeiter gründete und demonstrierende Kriegskrüppel den sächsischen Reichswehrminister in die Elbe warfen und ihn bis zum Ertrinken durch Schüsse daran hinderten, ans rettende Ufer zu schwimmen. In Hellerau bewohnte Ivar von Lücken das Kellergeschoss eines der Pensionshäuser auf dem Festspielgelände, bettelarm und lungenkrank, von den Kindern geliebt und den meisten Erwachsenen verlacht. *Ivar von Lücken ist fünfzig Jahre alt geworden in makelloser Ungedrucktheit, seine Dramen hat er zerrissen, seine Aufsätze hat er verschmissen,* resümierte Albert Ehrenstein Mitte der zwanziger Jahre. Später ging er nach Berlin, weltberühmt wurde er nicht und soll im Kriegswinter 1939/40 in Paris verhungert sein.

4

Gustel von Blasewitz oder
Menschen, Tiere, Sensationen

Wie Hellerau liegt auch Klotzsche mit dem Air-
port Dresden International hoch im Norden der
Stadt. *In das literarische Klotzsche schlug sogar einmal der
Nobel-Preis. Er traf den deutsch schreibenden, genauer: geschrieben habenden, Dänen Carl Gjellerup. In Dresden am
Neustädter Bahnhof wohnte jemand, der ihn gelesen hat.
Jetzt sind beide tot.* So spottete der in Dresden geborene
Johannes Burkhardt, der sich als Autor Ossip Kalenter
nannte und Dresden Richtung Italien verließ. Der Nobelpreis schlug nicht bei ihm ein, glauben kann man ihm
dennoch. Man geht aus Dresden weg, um in der Welt
berühmt zu werden, oder man kommt als Berühmtheit
nach Dresden, um in der Beschaulichkeit der Residenzstadt seinen Lebensabend zu verbringen. Und mit dem
Gedenken und Vergessen ist es wie überall auch in Dresden eine ganz besondere Geschichte.

Carl Gjellerup jedenfalls ist kein Name, bei dessen
Nennung die Dresdner leuchtende Augen bekommen.

Trotz Nobelpreis sicher zu Recht. Das ist bei Erich Kästner schon anders. Ob er gelesen wird, weiß ich nicht, geliebt wird er ohne Zweifel, vielleicht, weil er *der beste
Schüler und bravste Sohn* seiner Klasse war oder Sätze wie
diesen schrieb: *Das Unvergessliche war gestern.* So sehr
liebt man ihn, dass man ihm ein Museum einrichtete, allerdings nicht im Mietshaus auf der Königsbrücker Straße, wo er geboren wurde und seine Mutter ihm Matrosen-
kleidchen mit weißem Pikeekragen und der Kundschaft
Leibbinden oder Babywäsche nähte, sondern in der einstigen Villa seines reichen Onkels, eines erfolgreichen
Pferdehändlers am Albertplatz, wo er noch heute als kleiner Junge auf der Gartenmauer sitzt. Und da Kästner in
Dresden eben vor allem ein kleiner Junge war, ist auch
das Museum klein. Es ist so klein, dass es sich »micro-
museum« nennt und diesen Begriff sogar schützen ließ,
weltweit, nehme ich an. Noch kleiner ist nur das Museum für einen Großen unter den Dresden-Besuchern:
das Schiller-Häuschen an der Schillerstraße, es darf sich
Dresdens kleinstes Museum nennen. Hier im Garten-
haus seines Freundes Christian Gottfried Körner, dem
Vater des Dichters und Freiheitskämpfers Theodor Körner, hat Schiller am *Don Carlos* geschrieben, wenn er sich
nicht gerade in Reimen über das Klatschen der Wäsche
in der *Körnerisch weiblichen Waschdeputation* beklagte,
vielleicht sogar an der *Ode an die Freude,* was aber auch

die Leipziger für ihre Stadt in Anspruch nehmen, weshalb für Dresden die Gustel von Blasewitz wichtiger ist. Eigentlich hieß sie Johanne Justine Renner, geb. Segedin, war die Tochter eines Torwächters und wuchs in der Blasewitzer Schenke auf, wo ihre Mutter Wirtin war und in der auch Schiller gelegentlich verkehrte. In *Wallensteins Lager* hat der Dichter sie als Marketenderin auftreten lassen – »*Was? Ein Blitz! Das ist ja die Gustel aus Blasewitz!*« –, und so hat sie heute ihr Denkmal am Blasewitzer Rathaus. Die später umgebaute Schenke heißt heute übrigens Schillergarten, liegt am Schillerplatz, und in ihrem Garten stehen eine Schiller-Linde und ein Schiller-Gedenkstein. Manchmal, wenn Markttag ist, steht auf dem Schillerplatz sogar ein Schiller-Grill, weiter kann man es als Dichter wohl kaum bringen.

Wer einen Baum mit seinem Namen gepflanzt bekommt, hat schon viel erreicht. Noch berühmter aber wird man in Dresden, wenn der Name auf einem Elbdampfer steht. Ich muss an dieser Stelle wahrscheinlich nicht extra erwähnen, dass es sich bei den Dresdner Dampfern um die älteste und größte Raddampferflotte der Welt handelt und dass einer der Gründungsmitglieder der Sächsischen Elbe-Dampfschifffahrts-Gesellschaft, Andreas Schubert, in seiner Übigauer Maschinenbauanstalt 1838 mit der »Saxonia« die erste deutsche Dampflokomotive baute und mit ihr vom ersten deutschen Personenbahnhof, dem Leipziger Bahnhof in Dresden, auf große Fahrt ging? Das Motorschiff »August der Starke« indes ist neu, dafür umso größer und vermutlich auch stärker, es nennt sich Salonschiff, obwohl es eher an ein schwimmendes Gewächshaus erinnert, das nach der Kollision mit einem Brückenbogen aus dem Lot geraten ist. Die Konstrukteure mögen das vielleicht für schnittig halten, oder sie hatten eine Bonsaiversion der »Queen Victoria« im Sinn, was angesichts unseres Augusts eine ziemliche Frechheit wäre. Aber das alles ist Geschmackssache und tut den Verdiensten des königlich-polnischen und kurfürstlich-sächsischen Namensgebers keinen Abbruch. Manchmal aber wird der MS »August der Starke« ihre Größe zum Verhängnis, denn zumindest im Fall des Salonschiffs ist Größe mit Tiefgang verbunden. Wird die Elbe allzu flach, was in trockenen Jahren nicht selten der Fall ist, kann das Schiff nicht auslaufen. Da man aber zumindest bei der jährlichen Flottenparade im Mai auf seine Dienste nicht verzichten will, wird kurzerhand das europäische Zusammenwachsen praktiziert und eine Flutwelle aus Tschechien angefordert. Dort wird dann irgendwo ein Wehr geöffnet, und da man spätestens seit der großen Flut von 2002 ziemlich genau weiß, wie lange eine Flutwelle von der Grenze bis nach Dresden braucht, hat »August der Starke« wenigstens zur Flottenparade immer eine Handbreit Wasser unterm Kiel.

Ohne Kurfürst Friedrich August I., genannt der Starke, wäre die Stadt, so wie wir sie kennen, nicht denkbar. Er baute Dresden zu einer Residenzstadt von europäischem Rang aus, er ließ das erste Opernhaus und den Zwinger errichten, einen Bau wie ein Einspruch gegen die Vergänglichkeit. Er legte den Grundstein für die barocke Frauenkirche George Bährs, unter seiner Herrschaft wurde die Augustusbrücke erweitert, entstand am rechten Elbufer die Neue Stadt bey Dresden, er schickte erste deutsche Forschungsreisende nach Afrika, seine Sammelleidenschaft – von ihr wird noch zu reden sein – bildete den Grundstock für viele der heutigen Museen, aus seiner Schatzkammer entstand das Grüne Gewölbe. Sein Sohn holte die *Sixtinische Madonna* und andere wichtige Gemälde für die Galerie und Gaetano Chiaveri für den Bau der Hofkirche nach Dresden. Und nun wird es etwas komplizierter. Dieser Sohn nämlich war Kurfürst Friedrich August II., während sein Vater, Friedrich August I., als August II. seit 1697 auch König von Polen war. Um die polnische Krone zu erlangen, wurde der Kurfürst Katholik, beließ aber seinen Untertanen den protestantischen Glauben. Noch heute liegt der Bevölkerungsanteil der Katholiken nur knapp über dem der Ausländer. Beide würden, entspräche ihre Zahl der eines Wahlergebnisses, an der Fünf-Prozent-Hürde scheitern. Und das trotz des vermehrten Zuzugs süddeutscher Leihbeamter nach der Wiedervereinigung. Wer von denen, die damals mit wehendem Lodenmantel nach Gutsherrenmanier durch die Straßen und über die Flure sächsischer Dienststellen schritten und uns gegen Zahlung von Buschzulage und Trennungsgeld die neue Zeit erklären wollten, ahnte wohl, dass August Loden im Dresdner Stadtteil Löbtau einst den ersten Lodenmantel der Weltgeschichte geschneidert hatte? Die Evangelisch-Lutherischen brachten es 2006 übrigens auch nur auf reichlich fünfzehn Prozent, die Zahl der Gemeindemitglieder war in den Jahren der DDR auf fast ein Viertel, die der Konfirmationen auf etwa ein Zehntel gesunken.

Doch zurück zu den sächsischen Regenten. Ob Friedrich oder August oder Johann Georg, ob I. oder II., wer die Herrscher des Hauses Wettin kennenlernen will, gehe zum Fürstenzug in der Augustusstraße. Auf einem über hundert Meter langen Wandfries aus Meißner Porzellankacheln marschieren sie dort auf, hoch zu Ross, versteht sich, mit Fahnen und Fanfaren, mit Waffen und Lorbeerkränzen, Augusts Schlachtross hat die Luther-Rose unterm Huf. Einige Gelehrte und Künstler, unter ihnen der Schöpfer des Bildes, Wilhelm Walter, folgen standesgemäß auch zum Schluss als Fußvolk all den Bärtigen, Gütigen, Streitbaren und Gerechten, den Erlauchten, Sanftmütigen, Ernsten und Strengen, den Reichen und Großmütigen, den Gebissenen gar.

Was aber machte den einen August zum Starken? In den Legenden biegt er mal Eisenstangen, hält Menschen am ausgestreckten Arm in die Luft, hinterlässt seine Fingerabdrücke in Geländern aus Eisen oder zerbricht Hufeisen – eines davon, mit *dero hohen Händen* zerbrochen, liegt heute noch zum Beweis in der Rüstkammer. Doch was sind schon verbogene Eisenstangen und zerbrochene Hufeisen gegen die Weltkugel, ach, was sage ich, gegen die Himmelskugel, die der Hercules Saxonicus auf dem Wallpavillon des Zwingers in Referenz an Augusts göttliche Stärke und Macht auf den Schultern trägt? Spätestens seit der Jahrestagung der Deutschen Gesellschaft für Kardiologie – Herz- und Kreislaufforschung e. V. von 2005 muss man an diesen Legenden und Glorifizierungen zweifeln. Die postume Diagnose der königlich-kurfürstlichen Gebrechen spricht von hohem Blutdruck, Diabetes und einer wahrscheinlichen Fettstoffwechselstörung. Fett soll er demnach gewesen sein, Alkoholiker auch, zahnlos, mit einem amputierten Zeh am linken Fuß und Pockennarben im Gesicht. Die Hofmaler also brauchten viel Phantasie für ihre Porträts des sächsischen Herrschers. Was aber bringt deutsche Kreislaufforscher im Jahr 2005 dazu, eine solche Diagnose zu stellen, und warum? Das wiederum hat mit einer weiteren Eigenschaft Augusts zu tun, seiner hohen Fortpflanzungsbereitschaft. Zwar hatte er nur einen legitimen

Sohn, soll aber 267 Kinder gezeugt haben. Auch Chronisten entwickeln zuweilen Phantasie. Dennoch, was lag, nachdem sich bei einem bundesdeutschen Ländervergleich herausgestellt hatte, dass die Sachsen überdurchschnittlich an hohem Körpergewicht und Diabetesrisiko litten, näher, als der Abstammung vieler Sachsen auf den Grund zu gehen, sprich, die legendäre Lendengegend August des Starken ins Visier zu nehmen? Um möglichst vielen Sachsen einen hohen Blutdruck und ein hohes Diabetesrisiko zu bescheren, bedurfte es naturgemäß vieler Schöße. Fast folgerichtig, dass ein zweites Motorschiff heute den Nachnamen der Gräfin Anna Constanze von Cosel trägt, der bekanntesten unter den Mätressen Augusts. Der erging es, wie es allzu selbstbewussten Mätressen eben ergeht: Erst schenkte ihr der Kurfürst unter anderem eine jährliche Pension, einen Weinberg, einige Häuser und das Schloss Pillnitz, dann mischte sich die ehrgeizige Gräfin zu sehr in die Politik, fiel in Ungnade und wurde aus dem königlichen Bett auf die Burg Stolpen in die Verbannung geschickt. Von ihrem Anteil an der Vererbung der kurfürstlichen Gebrechen überlebten drei Kinder, eines hörte, was Wunder, auf den Namen Friedrich August. Der ließ sich an der Frauenkirche ein prächtiges Palais bauen, das nach seinem Wiederaufbau nun wieder den Namen Cosel trägt.

Auch auf die Gefahr hin, zu verwirren, muss ich noch einmal zu Friedrich August II. zurück. Der Sohn der von der Geschichtsschreibung vollkommen vernachlässigten Christiane Eberhardine von Brandenburg-Bayreuth bekam die II nicht verliehen, um ihn von seinem Halbbruder und Cosel-Sohn Friedrich August zu unterscheiden – dann nämlich hätte er, weil sechzehn Jahre älter, eine I verdient –, sondern weil er seinem Vater Friedrich August als Kurfürst von Sachsen und König von Polen folgte. In letztgenannter Position trug er folgerichtig den Namen August III. In seiner Regierungszeit brachte es ein Günstling vom Leibpagen und Kammerherrn zunächst zum Außen- und schließlich zum »alleingebietenden« Minister: Heinrich von Brühl. Der mischte nicht nur in der Politik kräftig mit, er füllte sich auch die eigenen Taschen reichlich. Er ließ sich eine Galerie für seine Bilder, eine Bibliothek für seine Bücher, ein Belvedere für seine Aussicht und einen Garten für seine Spaziergänge bauen. Und weil sich all die »Brühlschen Herrlichkeiten« auf engem Raum befanden, in bester Lage, versteht sich, und zehn Meter über der Elbe, nannte man den schönen Flecken später die Brühlsche Terrasse.

Nach Brühls Tod kommen die Russen ins Spiel. Erst kaufte die russische Kaiserin Katharina II. – die freilich keine geborene Russin, sondern eine von Anhalt-Zerbst-Dornburg war – die Brühlsche Gemäldesammlung, was aber harmlos ist im Vergleich zu dem, was folgen sollte. 1813 – Sachsen kämpfte wie so oft in seiner Geschichte gerade wieder auf der falschen Seite, also jener der Verlierer, diesmal bei Leipzig auf napoleonischer – wurde der sächsische König – es war König Friedrich August I., der als Kurfürst Friedrich August III. hieß und als König von Polen, wäre Polen da nicht schon verloren gewesen, vermutlich August IV. gewesen wäre – gefangen genommen und Fürst Nikolai Grigorjewitsch Repnin-Wolkonski als Generalgouverneur für das besetzte Sachsen eingesetzt. Nun tat sich überaus Erstaunliches. Dass der Fürst eine sächsische Freiwilligentruppe für den Kampf gegen die Franzosen sammelte, war bei seiner Position als Besatzer und Kriegsherr nicht anders zu erwarten, aber er erweiterte auch die Kunstakademie, vereinigte das deutsche Schauspiel und die italienische Oper, machte aus der Königlichen Kapelle eine staatliche, ließ zur »Beförderung der Nationalökonomie« eine Industrieschule gründen. Und er ließ an der Brühlschen Terrasse eine Freitreppe bauen und gab sie, genauso wie den Großen Garten, mit einem demokratisch anmutenden Befehl für die Öffentlichkeit frei. Schnell wurde das Terrain zum beliebten Aufmarschgebiet der Dresdner und Touristen, die vornehmlich *zwischen zwei und vier Uhr – der fashionablesten Promenadenzeit*, wie Iwan Turgenjew in *Väter und Söhne* schreibt, die Terrasse bevölkerten, weshalb man sie nun bald »Balkon Europas« nannte. Der Namensgeber muss ein bescheidener Mensch gewesen sein, vermutlich also ein Dresdner, heutige Marketingexperten hätten sie vermutlich »Balkon der Welt« oder »balcony of the world« genannt. Sei es, wie es sei, wer von sich behauptet, in Dresden gewesen zu sein, muss einmal über die Brühlsche Terrasse flaniert sein.

Als Einheimischer geht man auch in einer Kunst- und Kulturstadt täglich zur Arbeit oder in den Supermarkt, man muss zum Arbeitsamt oder zum Arzt, man hat seine Pflichten und keine Zeit, über die Brühlsche Terrasse oder über den Theaterplatz zu flanieren. Ein Stau bleibt ein Stau, auch wenn man den Canaletto-Blick im Seitenfenster hat. Das ist wie immer und überall, man glaubt zu wissen, was man hat, und der Alltag sagt, was man braucht. Man sträubt sich freilich auch ein bisschen, das alles schön und überwältigend zu finden, weil es ja in den Hochglanzwerbebroschüren und Reiseführern so beschrieben ist und man als Einheimischer die Pflicht hat, es anders zu wissen. Und es natürlich besser zu wissen als die berufsmäßigen Schwärmer, deren Kalkül man zu durchschauen glaubt. Wenn man jeden Tag die gleiche Suppe löffelt, lobt man nicht den Geschmack, dann wird jedes Haar, das man findet, zum Ereignis. Außerdem hat man zuweilen diese Sehnsucht nach Ferne und die Schönheit der eigenen Stadt im Verdacht, einen um die Schönheit anderer Orte betrogen zu haben.

Aber manchmal muss es sein. Manchmal muss es auch bei mir sein. Soll Ernst Barlach doch die Treppe zur Brühlschen Terrasse eine Hühnerstiege schimpfen, danach kräht an solchen Tagen kein Hahn! Ich verordne mir Urlaubsstimmung. Anfangs stelle ich mir noch vor, an einem anderen, fernen Ort auf eine ähnliche Kulisse zu stoßen, und schon sehe ich mich staunen und fotografieren wie all die anderen Touristen um mich herum. Ich gehe mit ihnen über die Brühlsche Terrasse, steige die Freitreppe zum Schlossplatz hinunter, lasse das Georgentor links liegen und rechts die Brücke über dem Fluss, ich gehe unter dem Übergang zwischen Schloss und Hofkirche hindurch, schon öffnet sich der wunderbare Theaterplatz, ich stehe, die Kirche im Rücken, und schaue und staune. Barock ist das nicht! Das Schloss ist überwiegend Renaissance, die Altstädter Wache steht klassizistisch, die Galerie und die heutige Oper sind neunzehntes, das Italienische Dörfchen gar zwanzigstes Jahrhundert. Nach dem Schock über die Zerstörung im Zweiten Weltkrieg scheint sich im Bewusstsein der Dresdner, egal ob Apologeten oder Kritiker, jedes ältere Gebäude in Barock verwandelt zu haben, doch selbst im Zentrum der Barockstadt ist der Barock nur ein Mythos. Es war das heute oft verhöhnte Bildungsbürgertum, das die Stadt, wie wir sie heute kennen, entscheidend geprägt hat. Aber schön ist es doch, ich schaue und staune also, nur Fotos mache ich nicht, ich bin ja zu Hause. Du hast, denke ich dann, verdammtes Glück gehabt mit dieser Stadt.

Freilich, wer etwas über Menschen erfahren will, über Dresdner zumal, der gehe am Sonntag nicht auf die Brühlsche Terrasse oder den Theaterplatz. Schon gar nicht gehe er auf den Neumarkt, wo man das Fehlen von Dresdnern neuerdings sogar öffentlich beklagt. Dresden sei »doch keine chemisch gereinigte Touristenstadt«, schimpfte der ehemalige Leiter des Stadtmuseums, selbst ein Dresdner Original, als die Stadtverwaltung mit Tempo-Fritz ein Dresdner Original vom Markt verbannen wollte. Der Mann, der seit Jahren vorm Verkehrsmuseum aus einem roten Dreirad Bockwurst und Kaffee verkaufte, passe nun nicht mehr ins Bild des neu erbauten barocken Flächendenkmals. Zum Glück hatte Dresden gerade gewählt, und die neue Oberbürgermeisterin nutzte die Chance, sich volksnah zu zeigen, der mobile Bockwurstverkauf wurde kurzerhand zur Chefsache erklärt und die Wiederzulassung von Tempo-Fritz als guter Kompromiss gefeiert. Hundert Meter vom Neumarkt entfernt bietet Dresden ohnehin ein anderes Bild, da besetzt ein Ein-Euro-Shop die beste Lage, hat ein Orient-Teppichbasar seit Jahren Ausverkauf.

Trotzdem, wer etwas über Menschen erfahren will, der gehe sonntags zu Lidl im Neustädter Bahnhof! Bei Lidl kommt der Stollen zwar aus Haselünne, die Dresdner aber sind echt. Vergesslichkeit und Durst lassen hier, dem Ladenöffnungsgesetz sei Dank, zu Warteschlangen zusammenwachsen, was als Bevölkerungsquerschnitt zusammengehört. Ein Trinker, die tägliche Ration im Wagen, tritt in der Schlange unruhig auf der Stelle. Das Kind, das gedankenversunken in der Nase bohrt, während es die Stuckornamente über den Leuchten der abgehängten Decke sucht, dann erschrickt, weil ein älterer Herr aufgeregt »Bedienung!« ruft. Er wedelt mit einem Prospekt und will wissen, warum der Joghurt im Regal einen Cent teurer ist, als die Werbung es verspricht. Der Joghurt ist ein Kauf gegen die Sonntagnachmittagslangeweile. Die Verkäuferin gibt sich devot und entschuldigt sich wortreich, während das Kind mehrmals geschäftig das Kleingeld für die gestern vergessene Tüte Mehl zusammenzählt. Eine Frau schaut müde zu, sie hat die Spuren der Nachtschicht im Gesicht und einen Einkaufswagen voller Sorgen. Der Bereichsleiter aus dem Staatsministerium des Innern mit acht Rollen Toilettenpapier unter Arm, der sich immer wieder ängstlich umsieht, ob nicht möglicherweise einer seinesgleichen ihn erkennt, und sich, ganz Gentleman, kurz vor der Kasse noch einen Strauß verbilligter Rosen greift. Nirgendwo sonst in der

Stadt bekommt man als Dresdner auf so engem Raum eine Ahnung davon, was für Dresdner es gibt.

Doch noch einmal zurück zur Brühlschen Terrasse, wo die Dresdner am Ende des neunzehnten Jahrhunderts auch schon einmal ordentlich Barock beiseitegeräumt haben. Damals baute man dem zweitgeborenen Prinzen die neubarocke Sekundogenitur und dem Bürgertum seinen Landtag. Und natürlich die monumentale Kunstakademie, deren markante Kuppel von den Dresdnern mit gutem Grund Zitronenpresse genannt wird. Auf ihrer Spitze schwebt mit Flügeln, Trompete und Lorbeerkranz golden die Fama, Sinnbild für Ruhm, aber auch für Gerücht und Klatsch, was ja alles oft nicht weit voneinander entfernt ist, gerade unter der Kuppel einer Kunstakademie.

Zu den Lehrern und Schülern der Akademie gehörten Canaletto und Caspar David Friedrich, Gottfried Semper und Ernst Rietschel, Oskar Kokoschka und Otto Dix, Ernst Barlach und Conrad Felixmüller. Und Wilhelm Rudolph, durch dessen Zeichnungen ich einen Eindruck bekam, wie Dresden ausgesehen hat, damals im Frühjahr 1945, und dessen Gesicht mich an Beckett erinnerte, ein Charakterkopf, Ehrenbürger der Stadt und doch in kritischer Distanz zu allen Porzellanmadonnen und Moden und politischen Entwicklungen. Die Maler der Künstlergruppe Brücke mieden die Akademie und zogen lieber zu den Nacktbadern an die Moritzburger Teiche oder in die Nähe des Güterbahnhofs in der Friedrichstadt und bald sowieso nach Berlin. Dem in Dresden geborenen Ralf Winkler blieb der Zugang trotz mehrerer Versuche verwehrt, weshalb er einen Malkurs an der Volkshochschule belegte, die Künstlergruppe Lücke gründete und dann auf eigene Faust und unter dem Namen A. R. Penck berühmt wurde. Auf dem Dach des Art'otels an der Ecke Ostraallee/Maxstraße steht heute, quasi als Pendant zur Fama auf der Akademie, eine seiner Bronzefiguren, deren Männlichkeitssymbol auch August dem Starken alle Ehre gemacht hätte – »ä naggsches Männl«, wie die Dresdner sagen. Das Art'otel ist eines meiner Lieblingshäuser, nicht etwa weil es besonders schön wäre, sondern weil seine Fassade aus Respekt vor einem alten Stadtbaum einknickte und ein Stück zurücktreten musste. So viel Glück haben alte Bäume auch in Dresden selten.

Wie kann man von einzelnen Bäumen reden, wenn man vom Wald erzählen will? Eine ähnliche Frage drängt sich mir auf, wenn ich an die hunderte von bildenden Künstlern denke, die allein im zwanzigsten Jahrhundert in Dresden lebten. Wer Namen will, greife sich an dieser Stelle ein Lexikon oder wenigstens die Inventarliste der Städtischen Galerie im Stadtmuseum!

Natürlich ging es in der Kunstakademie nicht immer

akademisch zu, auch in den Zeiten der DDR nicht. In den Kellern wurden in den achtziger Jahren erste Performance-Aktionen zelebriert und der Hochschulfasching jedes Jahr zu einem lust- und phantasievollen Fest der Gegenkultur. Schon 1977, dem ersten Jahr nach einem rigorosen Faschingsverbot, interpretierten Studenten den Dresdner Fürstenzug auf ihre Weise und ließen die Professoren in dubiosen, politisch inkorrekten Verkleidungen aufmarschieren, sodass die Hochschulleitung schon die Konterrevolution am Werke sah und der Rektor vorbeugend eine Polizei-Hundestaffel bestellte. Doch die Renitenz war nicht mehr aufzuhalten, in den Galerien, Ateliers und Wohnungen überall in der Stadt trafen sich Künstler immer häufiger zu Festen und verschiedensten Aktionen, es wurden Filme gezeigt, Theater gespielt und gelesen, natürlich war immer ein »Eckermann« dabei. Das Leonhardi-Museum am Eingang der Grundstraße widersetzte sich schon ab den sechziger Jahren der Phantasielosigkeit und kulturellen Einfalt und tat es trotz mehrerer Schließungen in den folgenden Jahrzehnten immer wieder. Auf der anderen Seite des Blauen Wunders wurde die Villa Marie besetzt, bis der Stadtrat für Kultur verbot, in den Räumen Kunst zu zeigen, worauf die Aktion »Die Villa Marie bleibt während der Öffnungszeiten geschlossen« entstand und eine Ausstellung von Duftstoffen das Bilderverbot unterlief. Nach der Wende ging die Villa in den Besitz des »Obst-Gemüse-Speisekartoffel-Kombinates« über, in einer letzten Kunstaktion wurde die Fassade geteert und gefedert. Aber auch auf der Brühlschen Terrasse wurde während der »Frühlingssalons« das konservative Kunstverständnis der Stadtväter und mancher Professoren strapaziert.

Einer der ersten Professoren und später auch Direktor der Kunstakademie war Giovanni Battista Casanova, der schon als Kind von Venedig nach Dresden gekommen war, wo seine Mutter Giovanna am Hoftheater vornehmlich die Rolle der Liebhaberin gab. Kein Wunder also, wenn es auch seinen Bruder Giacomo, *den* Casanova, an die Elbe zog. Natürlich investierte er viel, *alle käuflichen Schönheiten kennenzulernen,* und fand sie, was *ihre Körper betraf, den Italienerinnen und Französinnen überlegen,* allerdings besaßen sie seiner maßgeblichen Meinung nach weniger Anmut, Geist und Kunst zu gefallen, *die hauptsächlich darin besteht, sich verliebt zu geben, wenn sie einer nett findet und sie bezahlt.* Sie stünden daher im Ruf, kühl zu sein. Bei seinen Ausschweifungen musste Casanova einmal innehalten, einer *Unpässlichkeit* wegen, von der er sich *wie immer durch eine sechswöchige Diät* erholte. Trotz der »Franzosenkrankheit« muss er genug Zeit gehabt haben, seiner ausschweifenden Passion zu frönen, soll ihn doch ein leider verschollenes Bild auf der Flucht vor erzürnten Dresdner Ehemännern zeigen. Vielleicht sprach er den Dresdnern deshalb die Kunst der *feinen Lebensart* ab; zwar habe er den *glänzendsten Hof Europas gesehen,* aber König August sei nicht fein gewesen, und *die Sachsen sind es von Natur aus nicht, wenn ihnen der Herrscher nicht das Beispiel gibt.*

Gaben sie ihnen ein Beispiel? Einen Feinen oder einen Glücklichen gab es in der langen Reihe der sächsischen Kurfürsten und Könige tatsächlich nicht, jedenfalls scheinen Feinheit und Glück keine Attribute zu sein, mit denen man seinen Namen als Herrscher unsterblich macht. Einer, König Johann, übersetzte immerhin Dantes *Göttliche Komödie.* Seiner im Chinesischen Pavillon von Pillnitz tagenden Academia Dantesa gehörten der Arzt und Maler Carl Gustav Carus und der »König der Romantik« Ludwig Tieck an, in dessen Wohnung am Altmarkt sich wiederum die Köpfe des Dresdner Geisteslebens trafen. Der Gebildete oder der Kunstsinnige sind aber wohl auch keine Beinamen, mit denen sich ein König schmücken will, als König versteckt man sich mit solchen Gaben lieber hinter einem Pseudonym. Johann also nannte sich Philalethes. Sein Nachfolger, König Albert, der Ende des neunzehnten Jahrhunderts auf dem sächsischen Thron saß, war künstlerisch und politisch nur mäßig talentiert, nach ihm ist kein Dampfschiff benannt, ansonsten kann sein Name es aber locker mit dem von August dem Starken aufnehmen. Nach Albert waren einst eine Eisenbahnstrecke, ein Theater und sogar eine Erdbeersorte benannt, seinen Namen tragen heute noch eine Brücke, ein Park, der Hafen, ein Platz, die Garnisonsstadt im Norden und schließlich das Albertinum, das Ausstellungsgebäude für Neue Meister an der Brühlschen Terrasse. Doch Namen sind Schall und Rauch, denn während August der Starke noch heute als Goldener Reiter in römischer Rüstung am Anfang der Hauptstraße glänzt und unverdrossen Richtung Polen reitet, wurde das Reiterstandbild Alberts Anfang der fünfziger Jahre vom Sockel geholt und blieb seitdem verschwunden. An seiner Statt sitzt heute vor dem einstigen Landtagsgebäude auf dem Schlossplatz Kurfürst Friedrich August, wie ihn Ernst Rietschel geschaffen hat, aber nicht der I., auch nicht der II., sondern der III., den man den Gerechten nannte und der, wundern Sie sich bitte nicht, seit 1806 als König von Sachsen den Namen Friedrich August I. trug. König Friedrich August III. wiederum, Sie erinnern sich, war nach reichlich achthundert Jahren Wettinerherrschaft der Letzte, danach machten die Sachsen ihren »Dregg alleene« und gründeten noch vor den Bayern den ersten Freistaat auf deutschem Boden. Die Freiheit allerdings währte nur kurz, was folgte, waren zwei Diktaturen, der Glaube an den König aber blieb. Einmal soll in der Zeit der DDR am Goldenen Reiter ein Schild mit der Aufschrift *König Au-*

gust steig hernieder und regiere du uns wieder gehangen haben. König August aber blieb hoch zu Ross und ritt stur
Richtung Polen, stattdessen kam später König Kurt aus
dem Westen, um die Sachsen demokratisch zu regieren.

Nach all den großen Tieren und windigen Gestalten tut
es not, etwas abzuschweifen und eines kleinen Wesens
zu gedenken. Vermutlich wird Rhinolophus hipposi-
derus kein Denkmal gesetzt, ein Reiterstandbild schon
gar nicht. Der Siegesflug der Kleinen Hufeisennase, wie
das possierliche Tierchen auf Deutsch heißt, war nämlich bloß kurz, nur ein paar Wochen konnte sie den Titel Titelverteidiger führen. Kaum einer kannte das licht-
scheue und flatterhafte Wesen, bis ein hohes Gericht aus
Sorge um dessen Wohlbefinden den Bau der Elbbrücke
am Waldschlösschen stoppen ließ und die Kleine Hufeisennase damit zum Wappentier im Kampf um den
Weltkulturerbetitel wurde. Den hatte die UNESCO dem
Dresdner Elbtal als herausragender Kulturlandschaft
erst 2004 auf Antrag der Stadt verliehen. Wem nützt das,
lautete nun eine oft diskutierte Frage. Da soll noch einer
behaupten, es gebe keine dummen Fragen! Sachsens da-
maliger Ministerpräsident Georg Milbradt hielt den Titel für verzichtbar, auch sein Vorgänger Kurt Biedenkopf
sah im möglichen Verlust kein Unglück, manche sprachen vom UNESCO-Diktat, als die Weltorganisation

wegen des Brückenbaus mit der Aberkennung des Titels drohte. Manchmal wird man die Geister, die man rief, ganz schnell wieder los. Die Frage war nun nicht mehr, ob man geborener Dresdner ist oder nicht; Brückengegner oder Brückenbefürworter, das war die Frage. Der Riss ging anfangs quer durch die Parteien, bis Disziplinierung und Austritte den Graben vertieften und alle Brücken abrissen. Plötzlich war sogar der Kredit aufgebraucht, den Günter Blobel mit seinen Spenden für den Wiederaufbau der Frauenkirche angehäuft hatte. Sein Protest gegen die drohende Zerstörung des Welterbes galt vielen nun als gemeine Denunziation durch den Professor aus Amerika. Denn die Mehrheit der Dresdner hat in einem Bürgerbegehren die Brücke gewollt, da beißt die Fledermaus keinen Faden ab. Nun werden sie mit der Brücke leben müssen, die, wäre sie ein sächsischer Kurfürst, den Beinamen »die Umstrittene« führen würde. Was auch passender wäre, als sie nach dem Jagdhaus des Grafen Marcolini zu benennen, einem überaus kunstsinnigen, aus Italien stammenden Kammerherrn, der einst die Oberaufsicht über die kurfürstlichen Kunstsammlungen, die Kunstakademie und die Meißner Porzellanmanufaktur innehatte und zudem in der Nähe der heutigen Baustelle ein landwirtschaftliches Mustergut anlegte. Ob die Brücke auch gebraucht wird, und wenn ja, warum ausgerechnet an der breitesten Stelle des Tals und zu welchem

Preis, sind Fragen, die jeder für sich beantworten muss. Der Wunsch nach der Realisierung des Traums von der autofreundlichen Stadt und die Arroganz der Macht haben Fakten geschaffen und jeden Kompromissvorschlag, wie den eines Tunnels, ignoriert. Man wusste, was man tat, in einem von der Landeshauptstadt etwa zeitgleich mit den ersten Bauaufträgen veröffentlichten *Masterplan Welterbe Dresdner Elbtal* war es nachzulesen. *Der Verlust des Welterbetitels wäre ein zumindest in Europa noch nicht gesehener Vorgang mit erheblichen Nachteilen für das Dresdner Gemeinwohl. Sein Untergang als Welterbestätte würde eine Schmälerung des Erbes aller Völker der Welt und die schwerste Konventionsverletzung darstellen.* Gebaut wurde trotzdem. Aber es ist wohl ohnehin weniger ein verkehrstechnisches oder völkerrechtliches als vielmehr ein ästhetisches Problem. Wer die Schönheit der Landschaft nicht sieht, wird sie nicht vermissen. Das ist nicht nur in Dresden so. Was mit dem Bau der Brücke verloren gegangen ist, ist – Titel hin oder her – ein Teil einer über Jahrhunderte gewachsenen einmaligen Kulturlandschaft.

Wenn ich meine Dresdner Jahre rekapituliere, so denke ich vor allem an zwei Ereignisse, die sich eingeprägt haben, Ereignisse voller Emotionen. Das erste geht auf den 19. November 1989 zurück. Es war ein Sonntag und der Himmel strahlend blau. Mitglieder des Dresdner Staatsschauspieles hatten vier Wochen zuvor für diesen

Tag eine Demonstration angemeldet, nichts ahnend vom Mauerfall am 9. November. An die hunderttausend Menschen waren trotzdem gekommen, darunter ein Großteil jener Dresdner, die man damals noch Kunst- und Kulturschaffende nannte. Es hatte vorher und es hat danach viele Demonstrationen gegeben, jedes Mal liefen Fragen und Zweifel mit, an diesem Tag aber lag über allen ein Hochgefühl, eine kurze Ahnung von Gemeinsamkeit. Etwas schien an diesem Tag zu beginnen.

Am 8. Dezember 2007 endete etwas. Diesmal war es ein Sonnabend, und es war kalt. Auf der Waldschlösschenstraße wurden wegen des Brückenbaus die letzten Traubeneichen gefällt. Polizisten trugen die Demonstranten weg, die dicht an dicht um die Bäume saßen, viele kannten sich vom Herbst '89. Jetzt triumphierten die Kettensägen. Späne fielen, und es flossen Tränen. Die als Waldarbeiter getarnten Maschinisten leisteten ganze Arbeit, noch der letzte Zweig wanderte sofort in den Schredder, am nächsten Tag wurden auch die Stümpfe gerodet, man wollte wohl keine hölzernen Märtyrer schaffen. Einen Monat später, es war früh am Morgen und noch dunkel, fiel auch eine fast dreihundertjährige Buche, die Aktivisten der Umweltorganisation Robin Wood mehrere Wochen lang besetzt hatten. In diesen Tagen wurden nicht nur Bäume umgesägt.

Für mich stehen diese beiden Ereignisse in einem engen Zusammenhang. Auch diesmal schien die Sonne, und nachdem die Späne zusammengekehrt waren, glänzte das Straßenpflaster, als sei nichts passiert. Doch für mich ist Dresden seit jenem Dezembertag eine andere Stadt.

Aber man weiß es ja, es ist nicht immer alles Gold, was glänzt. Das musste dreihundert Jahre vorher auch schon Johann Friedrich Böttger erfahren. Zwar soll es dem Münzmeistersohn und Apothekerlehrling einmal tatsächlich gelungen sein, einige Silbermünzen in Goldstücke zu verwandeln, doch dem Ansinnen, neuerliche Beweise seiner Kunst in den Dienst des preußischen Königs zu stellen, entzog er sich wohlweislich durch Flucht. Der Mann wusste, was er wusste. Reden ist Silber, Schweigen ist Gold. Als man dennoch am sächsischen Hof von Böttgers Kunst hörte, stellte man dem neunzehnjährigen Flüchtling eigennützig ein *wohlverwahrtes Haus* zum Schutz. Als der vermeintliche Goldmacher wieder floh, besann sich August der Starke auf die Macht des Stärkeren und ließ den als erfolgreich avisierten Alchimisten inhaftieren, erst auf der Festung Königstein, dann auf der Jungfernbastei der Stadtbefestigung, wo dem Gefangenen ein Laboratorium eingerichtet wurde. Im goldenen Käfig sollte er Gold machen. Als Berater wurde bald Ehrenfried Walther Tschirnhaus eingesetzt, ein Universalgelehrter, der zwar kein Gold machen konnte, aber die

Idee vom Porzellan bereits eine Weile im Kopf hatte, bei der Suche nach einer geeigneten Rezeptur aber erfolglos geblieben war. Denn was Mutter Natur den Chinesen in die Erde gelegt hatte, musste in Sachsen erst mühsam zusammengemischt werden. Erzgebirgische Bergleute halfen Böttger mit Erfahrung und reichlich Freiberger Bier. Das Ziel für ihn war dennoch klar, Gold sollte her, viel Gold. Heute wissen wir längst: Entscheidend ist, was hinten rauskommt. In Böttgers Fall war es Porzellan. Zunächst das rote Böttgersteinzeug, aber im Januar 1708 gelang der erste Brand, und im März 1709 konnte er dem Kurfürst endlich Meldung vom *guthen weißen Porcellain sambt der aller feinst Glasur und allem zubehörigen Mahlwerck* machen: Das europäische Porzellan war erfunden. Weißes Gold, das sich bei geschickter Vermarktung zu richtigem Gold machen ließ. Der Grundstein für die Meißner Porzellanmanufaktur wurde gelegt und Augusts gekreuzte Schwerter zur ältesten Schutzmarke der Industriegeschichte. Als Stadt des Porzellans wurde Dresden tatsächlich weltberühmt, was Wunder also, dass selbst ein Stadtteil von Stoke-on-Trent, dem Zentrum der englischen Porzellanindustrie, noch heute Dresden heißt und im Porzellanpark der japanischen Stadt Arita eine Kopie des Zwingers steht. Trotzdem, noch Jahre später träumte August der Starke davon, sich den Umweg übers Porzellan ersparen und Böttger zum Goldesel abrichten zu können. Und wäre der nicht schon bald darauf im Alter von nur 37 Jahren verstorben, wer weiß ... Trotzdem hatte August der Starke nun eine neue Sammelleidenschaft, die zuweilen absurde Formen annahm. Er plante den Umbau des nunmehr als Japanisches Palais bezeichneten Prachtbaus an der Elbe zu einem »Porzellanschloss« mit porzellangedeckten Dächern und porzellanverkleideten Außenwänden, er wollte eine Kapelle mit Kanzel, Altar und Orgelpfeifen aus Porzellan und träumte von einem weißen Porzellanthron. Auch wenn nicht alle Träume wahr wurden – an technischen und finanziellen Schwierigkeiten sollte übrigens auch ein Vorschlag scheitern, den der Porzellangestalter Johann Joachim Kändler später August III. machte, nämlich ihn und seinen Vater in lebensgroßen Reiterstandbildern aus Porzellan zu modellieren –, war das Japanische Palais die größte Chinoiserie Europas, und August, der sich selbst von einer »maladie de porcelaine« befallen sah, tauschte sechshundert seiner Soldaten bei Friedrich Wilhelm I. von Preußen gegen weiß-blaue chinesische Deckelvasen ein. So war damals jedem zugefallen, was er am meisten liebte, August hatte sein Geschirr, die Preußen ihre Soldaten, und diese konnten sich ein paar Jahrzehnte später, im Siebenjährigen Krieg, wie die Elefanten im Porzellanladen aufführen. *Dreßden ist nicht mehr da. Diese Stadt, die sonst die Krone unter den sächsischen Städten, und eine der schönsten in Deutschland war, liegt größtentheils unter Ruinen begraben,* berichtete ein unbekannter Zeuge und nahm damit die Klage Erich Kästners von 1945 fast wörtlich voraus. Die Frauenkirche übrigens blieb damals verschont. »Lasst den ollen Dickkopp stehen!«, soll der Alte Fritz seinem Kanonier befohlen haben.

Das Porzellan kam später in den Zwinger. In einem der größten Keramikmuseen der Welt, das unter anderem die bedeutendste Sammlung japanischen Porzellans außerhalb Japans beinhaltet, kann man auch die Dragonervasen noch heute besichtigen. Das Japanische Palais dagegen wurde kurfürstliche Bibliothek und beherbergte die Museen für Vorgeschichte und Völkerkunde, jedenfalls bis die Vorgeschichte nach Chemnitz abwanderte.

Die Elefanten im Porzellanladen aber sind bis heute nicht gezähmt. Seit Jahren tobt vor den Gerichten ein Rechtsstreit zwischen dem Freistaat und den Erben der Wettiner um die Rückgabe von Teilen des königlich-kurfürstlichen Geschirrs.

In den letzten Jahren ist auch der Stadt Dresden noch einmal einiges zugefallen. Das Wort Eingemeindung suggeriert zwar, wir hätten uns irgendetwas geholt, aber es ist uns zugefallen, wir hatten keine Wahl. Boxdorf, Unkersdorf, Mobschatz, Eichbusch, Schullwitz und wie sie alle heißen. Das alles blieb nicht ohne Folgen, für die

Größe und die Bevölkerungszahl Dresdens nicht, aber auch nicht für die Wahlergebnisse und die Ergebnisse von Bürgerentscheiden. Nichts gegen die Leute aus dem Umland, aber müssen sie gleich Dresdner werden? Sollen sie doch ihre Dorfbäche überbrücken! Aber immerhin kann sich Dresden durch den Landgewinn jetzt zu den grünsten Großstädten Europas zählen, auf die Landschaft bezogen, versteht sich, nicht auf die Politik. Die ist seit Jahren zuverlässig schwarz, und sollte hier einmal eine Änderung drohen, wird man wohl wieder ein paar Bauerngehöfte der Umgebung eingemeinden.

Das benachbarte Radebeul, das »sächsische Nizza« mit seinen Villen und Weinbergen, blieb in Sachen Eingemeindung bisher standhaft, was schade ist, Dresden hätte sonst einige Millionäre mehr, vor allem aber könnte es sich Karl-May-Stadt nennen. Der Abenteuerschriftsteller und Hochstapler hat zwar auch einige Jahre in Dresden gelebt, aber seine »Villa Shatterhand« steht ungelogen in Radebeul. Dort hatte er auch schon zu Lebzeiten seine Fans, einer hieß Hans Stosch, hatte als Dressurclown Giovanni Sarrasani in ganz Europa Karriere gemacht und gründete 1901 einen eigenen Zirkus, der bald zur »größten und berühmtesten Wanderschau Europas« wurde. Einige Jahre später ließ er am Carolaplatz in Dresden als Stammquartier einen der damals modernsten europäischen Zirkusbauten mit einer riesigen, freitragenden Kuppel errichten. Fünftausend Leute passten in das Gebäude, dessen Manege sich mittels einiger Kaskaden sogar lange vor dem Berliner Friedrichstadtpalast in eine Wasserarena verwandeln ließ. 1945 ging der Zirkusbau dennoch in Flammen auf. Menschen und Tiere flohen an die nahe Elbe, wie jener Löwe, der in Martin Walsers Roman *Die Verteidigung der Kindheit* über die Wiesen irrt, an den Toten schnuppert und sich dann dicht an einen der Überlebenden schmiegt.

In seiner Blütezeit besaß der Zirkus Sarrasani zweihundertfünfzig Pferde, einhundert Raubtiere und siebenundzwanzig Elefanten. Hätte es Hans Stosch nicht dabei bewenden lassen können? Aber der Mann war, wie gesagt, Karl-May-Verehrer, und so kam er auf die Idee, in seinem Zirkus auch Indianer auszustellen. Im Hamburger Tierpark Hagenbeck war 1913 gerade eine Sioux-Gruppe frei geworden, und so holte man die Rothäute kurzerhand nach Dresden. Die Haltungsbedingungen der Exoten waren, glaubt man der Überlieferung, vorbildlich. Man soll sogar daran gedacht haben, jeden männlichen »Indsmann« einmal im Jahr »zum Weibe zu führen«. Na also. Und da der verehrte Karl May im Eröffnungsjahr des Zirkus in die ewigen Jagdgründe eingegangen war, durften die Indianer an seinem Grab sogar ihre Trauergesänge anstimmen. Es soll den Sioux in Dresden gefallen haben, weshalb ihr Häuptling Edward Two-Two sich taufen ließ

und verfügte, ihn nach seinem Ableben in Dresden bei-
zusetzen. So geschah es auch, und er liegt noch heute
auf dem Äußeren Katholischen Friedhof an der Bremer
Straße, irgendwo zwischen den Grauen Schwestern von
der Heiligen Elisabeth, den Nazareth-Schwestern vom
Heiligen Franziskus und den Schwestern vom göttlichen
Herzen Jesu sowie den über tausend Opfern nationalso-
zialistischer Gewalt, Soldaten, Bombenopfern, Zwangs-
arbeitern und jenen Antifaschisten, die auf dem Gelände
des ehemaligen Landgerichts am Münchner Platz hin-
gerichtet wurden. Graue Schwestern, die »Schwarze Le-
gion« aus Polen und eine katholische Rothaut, auf einem
Friedhof gibt es manchmal merkwürdige Allianzen.

Die Richtstätte im Gefängnishof des Landgerichts, das
später auch Untersuchungsgefängnis der sowjetischen
Geheimpolizei und noch später zentrale Hinrichtungs-
stätte der DDR-Justiz war, hatte ich jahrelang vor Augen,
denn 1957 übernahm die Technische Universität das Gebäude am Münchner Platz. Im ehemaligen Schwurge-
richtssaal hörten wir Marxismus-Leninismus, und einige
Assistenten hatten ihre Büros im ehemaligen Zellentrakt.
Wir sahen darin ein Zeichen, dass vieles besser geworden war. Wie selbstverständlich schlug die Einleitung jeder Diplomarbeit den Bogen zu den weisen Beschlüssen
der Partei. Abends allerdings tranken wir unser Bier in
der Meineidschänke.

Die Hausfarben des Zirkus Sarrasani, der mit Clowns und Artisten auf Wanderschaft ging oder die Dresdner vor Ort unterhielt, waren übrigens Weiß und Grün, doch darin eine Verbindung zur benachbarten Staatskanzlei zu sehen, von der aus auch heute Sachsen unter weiß-grüner Flagge regiert wird, überlasse ich den Spöttern. Obwohl Politik und zirzensische Darbietungen in Dresden schon immer eine enge Beziehung eingegangen sind, nicht nur, dass die Proklamierung des Arbeiter- und Soldatenrates 1918 im Zirkuszelt über die Bühne ging, stand doch für den goldenen Rathausmann, der von der Spitze des Rathausturms sein Füllhorn über der Stadt ausschüttet, der Ringkämpfer und Artist Ewald Redam Modell. Und vor dem Haus reitet Dionysos sehr geschickt einen trunkenen Esel und ist dabei sogar, seit der Ratskeller nur noch Keller ist, von einer Ecke des Hauses zur anderen gelangt. Mancher Dresdner Oberbürgermeister hat sich nicht so lange im Sattel gehalten. Ich weiß nicht, wie viele Denkmäler es in Dresden gibt, einem Bürgermeister wurde meines Wissens noch keins gebaut. Dafür landeten in den letzten zwanzig Jahren zwei von ihnen vor Gericht, einer wurde wegen Wahlbetrug, der andere wegen Beihilfe zum Bankrott verurteilt. Es findet sich eben immer eine Disziplin, in der man als Stadt an der Spitze liegen kann.

5

Russisch Brot oder
Von gläsernen Frauen
und anderen blauen Wundern

Russisch Brot? Nein, von einer weiteren Wohltat des russischen Generals und Fürsten Repnin-Wolkon-ski soll jetzt nicht die Rede sein. Zwar hat Dostojewski, als er in Dresden an seinem Roman *Die Dämonen* schrieb, jede Mahlzeit mit den dazugehörigen Preisen akribisch im Tagebuch vermerkt und das Dresdner Bier gelobt, auf Russisch Brot aber findet sich bei ihm kein Hinweis. Im Zentrum konnte man damals immerhin russische Zeitungen und russische Delikatessen erwerben, und mancher Händler schrieb seine Aushängeschilder in kyrillischen Buchstaben, denn in der zweiten Hälfte des neunzehnten Jahrhunderts lebten mehr als tausend Russen in der Stadt. Aber aßen sie Russisch Brot? Auch stimmt die Vermutung nicht, Russisch Brot könnte in den Jahren nach dem Zweiten Weltkrieg von der bis in die Mitte der neunziger Jahre in Dresden stationierten Roten Ar-

mee zur Versorgung der notleidenden Bevölkerung gebacken worden sein. Obwohl es eine Heeresbäckerei
gibt, im Norden der Stadt, wo die Straßen heute noch
so schöne Namen wie Schützenhöhe und Provianthofstraße tragen, und in eben jener Heeresbäckerei einst das
Brot für die gesamte sächsische Armee gebacken wurde.
Nebenbei bemerkt, dieser Stadtteil hat die Bombardierung Dresdens trotz seiner überwiegend militärischen
Nutzung fast schadlos überstanden, was Erich Kästner
in seiner Klage über die zerstörte Stadt zu der sarkasti-
schen Bemerkung veranlasste: *Die vielen Kasernen sind
natürlich stehen geblieben.* Obwohl die Dresdner lange an
der Anwesenheit der Russen zu kauen hatten, durch ihr
Brot sind sie nicht bekannt geworden. Man kannte sie
eigentlich überhaupt nicht, sie lebten isoliert hinter den
grau getünchten Kasernenmauern und in ihren separier-
ten Wohnblocks, und wenn sie diese verließen, um, wie
der KGB-Offizier und spätere russische Präsident Wladimir Putin, in seiner Lieblingskneipe Am Thor auf der
Straße der Befreiung ein Bier zu trinken oder, wie andere
Offiziere und ihre Frauen, mit der Straßenbahn durch die
Stadt zu fahren, rümpften die Dresdner wegen des unver-
meidlichen Knoblauchgeruchs die Nasen. Man lebte zwar
im Osten, aber eben in Elbflorenz, und so erreichten auch
die kulinarischen Vorzüge des Knoblauchs die meisten
erst später auf einem Umweg von Süden her, über Grie-

chenland und Italien, da hatten die Russen längst ihre Panzer und Koffer gepackt und waren abgezogen. Ließen sie etwa ihr Kommissbrot zurück?

Nein, das Russisch Brot, von dem hier die Rede sein soll, ist gewissermaßen eine zu groß geratene Buchstabensuppe ohne Suppe und in Gebäckform. Der Dresdner Bäckergeselle Ferdinand Wilhelm Hanke soll in seinen Lehr- und Wanderjahren in Petersburg ein Gebäck namens »Bukwi« – zu Deutsch »Buchstaben« – kennen- und liebengelernt haben und brachte die Dauerbackware als Russisch Brot auf den deutschen Markt, in Form von lateinischen, nicht etwa kyrillischen Buchstaben allerdings. Das war Mitte des neunzehnten Jahrhunderts, aber bis heute wird Russisch Brot in Dresden gebacken. Leider hatte sich Hanke sein Gebäck, anders als die Dresdner Stollenbäcker, nicht richtig schützen lassen, weshalb es heute auch Russisch Brot aus anderen Städten gibt. Sogar über seine Entstehung kursieren andere Geschichten, die hier aber lieber verschwiegen werden sollen, weil darin nicht Dresden, sondern Wien eine Rolle spielt. Es ginge also zu weit, beim Russisch Brot von einer Dresdner Spezialität zu sprechen. Muss auch nicht sein, mit der Erfindung der Postmeilensäule, des künstlichen Mineralwassers, des Büstenhalters, der Chlorodont-Zahncreme-Tube und der Teebeutel-Packmaschine haben wir schließlich genug für die Entwicklung der Menschheit getan. Der Eierschecke dagegen hängt Dresden als Attribut an. Wer immer nach einem Bild für Dresdner Lebensart und Geisteshaltung sucht, wird ältere Damen zum Kaffee Eierschecke essen lassen. Selbstverständlich behalten sie dabei ihre Hüte auf dem Kopf und spreizen, wenn sie Gabel oder Tasse zum Munde führen, kapriziös den kleinen Finger ab. Vielleicht spielt sogar irgendwo die Staatskapelle, deren Klang sie loben, obwohl der dem Vergleich zu früher natürlich nicht standhält, zu den goldenen Zeiten, als noch Ernst von Schuch und Fritz Busch den Taktstock schwangen oder sogar der selige Richard Strauss höchstselbst in der Oper ... Wissen Sie noch, der *Rosenkavalier!* ... Es ist wie mit allen Klischees, sie stimmen und sind falsch. Die Eierschecke indes ist richtig und dresdnerisch, wenn sie, aller guten Dinge sind wieder mal drei, aus drei Schichten besteht. Die oberste ist dabei die eigentliche Schecke, eine Mischung aus Eigelb, Butter, Zucker und Vanillepudding, der schaumig geschlagenes Eiweiß untergehoben wird. Die Mittelschicht bildet eine Quarkmasse mit einigen Zutaten, den Boden gibt Rühr- oder Hefeteig ab. Wer kalorienbewusster essen will, der »diddsche« von mir aus eine trockne »Bäbe« (Rührkuchen) in sein »Schälchn Heeßn«. Sei es, wie es sei, die meisten kulinarischen Genüsse, die man mit Dresden in Verbindung bringt, sind eigentlich sächsisch. Dass einem in Bezug auf Dresden vor allem Süßkram einfällt, ist aber dann doch irgendwie typisch. Vom *Land der Kuchenfresser* war schon die Rede, aber auch schon einige Jahre vor Prutz spottete der Satiriker Hermann Günther Meynert unter dem Pseudonym Janus über die *politischen Kannegießereien* in den Kaffeehäusern und die Dresdner, die sich in *ästhetischen Zuckerläden* in Zeitungen und Zeitschriften vertiefen, *deren Geist, neben der Quintessenz der Spritzkuchen und Windbeutel, just noch nebenbei mit hinabzuschlüpfen Platz gewinnt.* Die ältesten Kaffeehäuser wurden von Italienern geführt, als eleganteste Konditorei galt damals das Café de l'Europe am Altmarkt und wurde von einem Schweizer Zuckerbäcker namens Baldini gegründet. Der Dresdner also ist ein Süßer, auch wenn die Dresden-Werbung und Tourismus GmbH den Sauerbraten als »typischstes Hauptgericht« bezeichnet, was typischerweise jede weitere Steigerung ausschließt, aber es gibt wohl auf der Welt mehr typische Sauerbratenrezepte als Orte mit dem Namen Dresden. Da ist es dann wohl doch typischer, wenn heute am Altmarkt wieder die 1825 in Dresden gegründete Konditorei Kreutzkamm residiert, nebenan das Café Prag von einem Italiener namens Balducci geführt wird und das Café Toskana am Schillerplatz für seine Dresdner Eierschecke berühmt ist.

Vom Dresdner Stollen war auch schon die Rede, da kann der Striezelmarkt nicht verschwiegen werden. Den gibt es seit 1474, natürlich ist er damit einer der ältesten

Weihnachtsmärkte in Deutschland, und man bäckt zu diesem Anlass den größten Stollen der Welt, der es dann selbstverständlich auch irgendwie ins Guinness-Buch der Rekorde schafft. Auch diese neue Tradition kann sich auf August den Starken berufen, in dessen Zeithainer Lager während eines Manövers ein 1,8 Tonnen schwerer Stollen gebacken worden sein soll. Einige renommierte Stollenexperten freilich bezweifeln diese Überlieferung, nicht ohne Grund, denn das besagte Manöver fand im Sommer statt. Außerdem sollen für den Teig 3600 Eier verwendet worden sein, und die haben in einem echten Dresdner Stollen wirklich nichts verloren. Aber es wäre doch schade um diese Geschichte, und so hat der Schutzverband Dresdner Stollen e. V. ihr seinen Segen gegeben: Der Zeithainer Riesenstollen darf als barocker Vorläufer des heutigen Dresdner Stollens angesehen werden. Bei dessen Verkostung leben die Dresdner ihr Bedürfnis nach Geselligkeit aus, und wie im Rheinland kein Oberbürgermeister denkbar ist, der sich nicht einmal im Jahr eine Pappnase aufsetzt, ist in Dresden das Stollenfest ein Pflichttermin für Oberhäupter aller Art.

Beliebt ist der Striezelmarkt aber nicht nur bei Politikern. Vor allem dank der Touristen laufen die Geschäfte der Händler wahrscheinlich gut. Ich habe das nicht recherchiert, und geklagt wird heute sowieso überall. Trotzdem hat ein Schildchen mit der Aufschrift *Ausverkauf we-*

gen Geschäftsaufgabe nicht unwesentlich zur Popularität des Striezelmarktes beigetragen. Zu sehen ist es auf einer Zeichnung von Ludwig Richter, wo es auf einem Tischchen steht, auf dem zwei gegen die Kälte dick vermummte kleine Kinder und ein treues mopsiges Hündchen eine der traditionellen Waren feilbieten: den Pflaumentoffel. Das Bild stammt aus einer Zeit, die vor der Mutation des Weihnachtsliedes zum deutschen Schlager liegt und es im Winter im Elbtal noch schneite, es ist also schon eine Weile her. Kinder und Tiere in der Werbung, das funktionierte aber schon damals. Die Kinder, vorzugsweise Waisen, setzte man als Kaminfeger ein, früher war eben doch nicht alles besser. Außerhalb der Heizperiode mussten die Kleinen durch die Essen der Bürgerhäuser kriechen, im Winter durften sie dann mit großzügiger Erlaubnis der Schornsteinfegerinnung kleine, mit schwarzem Zylinder und einer Leiter ausgestattete Männchen aus getrockneten Pflaumen verkaufen. Ich würde nicht so weit gehen, den Pflaumentoffel als weitere kulinarische Spezialität zu bezeichnen, ich kenne jedenfalls niemanden, der ihn gekostet, geschweige denn von Kopf bis Fuß gegessen hat. Glück soll er aber immerhin bringen und typisch für den Dresdner Striezelmarkt sein, auch wenn er heute im Supermarkt als »handgefertigte Dekorationsfigur« mit Walnussschädel und Teufelshörnern aus Schaumstoff nur das Geschäft belebt.

Sind getrocknete Pflaumen eigentlich gesund? Als Kind hätte ich vermutlich Kundi gefragt, das damalige Maskottchen des Deutschen Hygiene-Museums, dessen Pflicht es war, *zu wissen, was ein jeder Jüngling tut, um gesund, stark und gewissenhaft zu sein.* Der kleine Kerl, ein vorbildlicher junger Pionier in Sachen Hygiene, bediente sich eines magischen Fernrohrs, von dessen Linsen der heutige Innenminister im Kampf gegen den Terror vermutlich begeistert wäre. *Du guckst durch sie hindurch und siehst alles, was Du willst. Man sieht auch, was der einzelne Mensch gestern getan hat und was er morgen tun wird.* So ausgespäht, hatten Faulzahn, Schwarzohr, Dreckfinger, Stinkfuß und Tropfnase keine Chance.

Im Deutschen Hygiene-Museum konnte man freilich schon Anfang der dreißiger Jahre auch ohne Kundis magisches Fernrohr den Menschen durchschauen. Mit dem Gläsernen Menschen, einem durchsichtigen Modell des menschlichen Innenlebens, dessen Hülle eigentlich nicht aus Glas, sondern aus Kunststoff bestand, wurde das Museum berühmt. Die bis in die DDR-Zeit von den Lehrmittelwerkstätten des Museums gefertigten Lehrtafeln, anatomischen Modelle und Moulagen – aus Wachs hergestellte plastische Nachbildungen krankhaft veränderter Körperteile – waren Exportschlager und Devisenbringer. Allein von 1948 bis 1959 entstanden gläserne Modelle von 21 Frauen und zwölf Männern, aber auch ein gläsernes

Pferd und eine gläserne Kuh. Die Behauptung, dass mancher Mensch eine lange Leitung habe, könnte, wüsste es das Lexikon nicht besser, hier zur sprichwörtlichen Redensart geworden sein, denn zur Darstellung von Nerven und Adern mussten immerhin zwölf Kilometer Draht pro Glasmensch verkabelt werden. »Durchschaut«, inspiriert von der Entdeckung der Röntgenstrahlen, war von Anfang an ein Motto des Museums und ein von Franz von Stuck geschaffenes Auge folgerichtig sein Signet. Dieser Anfang geht auf den Industriellen Karl August Lingner zurück. Der hatte mit einem »Rückenkratzer für den Gebrauch in der Badewanne« eher bescheiden begonnen und es dann mit seinem Mundwasser Odol zum Multimillionär gebracht. Zwar hatte es in Dresden schon im neunzehnten Jahrhundert eine »Chemische Zentralstelle für öffentliche Gesundheitspflege« gegeben, die erste ihrer Art in Deutschland, aber erst die von Lingner vorbereitete I. Internationale Hygiene-Ausstellung von 1911 brachte den Durchbruch. 5,5 Millionen Besucher stürmten in nur sechs Monaten die Ausstellungshallen mit ihren Körpermaschinen, Wachsfiguren und mit dem »abessinischen Dorf« in der kolonialen Völkerschau oder lernten in der vom Volksmund »Galawsky's Schreckenskammer« genannten Abteilung über Geschlechtskrankheiten das Fürchten. Im zentralen Pavillon mit seiner Ausstellung *Der Mensch* musste die Polizei den Andrang regeln, der Mensch galt dem Menschen schon immer als Rätsel. Der Grundstock für das Museum war mit dieser Ausstellung gelegt, aber es dauerte noch bis 1930, ehe der Gläserne Mensch ein dauerhaftes Dach über dem Kopf bekam. Architekt des Baus war Wilhelm Kreis, der bis dahin deutschlandweit vor allem mit dem Bau von Bismarcktürmen und in Dresden durch den Umbau der Augustusbrücke bekannt geworden war und dessen Planungen für ein Dresdner Gauforum einige Jahre später zum Glück ebenso unrealisiert blieben wie die Erweiterung der Semperoper, da Hitler die Zeichen der Zeit erkannt hatte und Kreis zum Generalbaurat für die deutschen Kriegerfriedhöfe berief. Das Hygiene-Museum aber gilt als eine der bemerkenswertesten Leistungen der Architektur jener Jahre. Der monumentale Mittelbau mit dem Eingangsbereich scheint für den viereinhalb Meter großen Ballwerfer von Richard Daniel Fabricius konzipiert, der auf einem Sockel vor dem Museum die Körperhaltung des späteren Handgranatenwerfers vom Platz der Einheit vorwegnimmt. Die übrige Kunst am Bau dagegen ist mit bloßen Augen nicht zu erkennen. Ein Fresko von Otto Dix galt als »entartet« und wurde 1933 abgeschlagen, und einen Röntgenblick bräuchte, wer die Diplomarbeit des in Dresden geborenen Malers Gerhard Richter bestaunen wollte. Dessen in den fünfziger Jahren entstandenes Wandbild *Lebensfreude* wurde 1979 überstrichen, eine in den letzten Jahren geplante Freilegung scheiterte am Widerstand des Künstlers.

Der Gläserne Mensch als Mittelpunkt der ständigen Ausstellung des Hygiene-Museums ist also ein berühmter Dresdner, auch wenn heute zuweilen die Plastinate »echter Menscher« auch in Dresden für Spektakel sorgen. Der Gläserne Mensch ist unübersehbar eine Frau. Ansonsten spielten Frauen für Dresden eine Rolle, wenn sie ihre Rolle spielten. Sie waren Mätressen, erfanden Kaffeefilter oder Büstenhalter. Als Trümmerfrau haben sie es sogar auf einen Denkmalsockel geschafft. Eine ging in die Wüste, um die Bodenzeichnungen der Nasca-Indianer zu erforschen und Peru einen Weltkulturerbetitel zu bescheren. In Sachsen, so hat der Volksmund gereimt, würden die schönen Mädchen auf den Bäumen wachsen. Wahrscheinlich hängen sie eher in der Dresdner Galerie und wurden von Männern geschaffen. Fast ebenso nackt und mindestens ebenso berühmt wie die gläserne Frau ist die *Schlummernde Venus*, die Giorgione begann und Tizian vollendete. Rubens' *Bathseba* dagegen ist nur halbnackt. Auch Jean-Etienne Liotards *Schokoladenmädchen* ist berühmt, wenn auch ihr Kleid so hoch geschlossen ist wie beim *Brieflesenden Mädchen* von Vermeer. Dafür hat es in Dresden ewiges Leben und wandelt im Dienste der Tourismusbranche über den Neumarkt. Und dann natürlich Raffaels *Sixtinische Madonna*. Schon der Präsident des Supremo Consiglio in Piacenza, wo das Gemälde seit 1514 in der Kirche San Sisto hing, versuchte, sich einem Verkauf nach Dresden zu widersetzen, weil er ahnte, dass dieses Bild *die wissbegierigen Fremden herbeiziehen* würde. Aber was gilt der Prophet schon im Vaterland – 1753 ging die Madonna für zwanzigtausend Dukaten nach Dresden. Der König soll bei der Suche nach einem gebührenden Platz mit den Worten »Platz für den großen Raffael!« seinen eigenen Thronsessel beiseitegeschoben haben. Was ist über dieses Bild seitdem nicht alles geschrieben worden, von Winckelmann zum Beispiel oder von Carus. Goethe, Herder, Ibsen und Schopenhauer haben es bedichtet, die Romantiker machten es zum Thema ihrer Galeriegespräche, August Wilhelm Schlegel und seine Frau Caroline schufen aus den Gesprächen den einzigen großen Dichterdialog über Malerei in der deutschen Literatur. Dann wurde sie ein Politikum, und wieder einmal waren die Russen im Spiel. Der Vorschlag Bakunins, die Madonna mit anderen Kunstschätzen zum Schutz der Aufständischen auf die Barrikaden zu stellen, blieb zwar noch unausgeführt, später aber hat Stalin ein Auge auf die Madonna geworfen. Eine Sonderbrigade seines Kunstkomitees entdeckte sie in den letzten Kriegstagen gut verwahrt in einem Tunnel bei Pirna, die Soldaten nahmen, so will es die Legende, voller Ehrfurcht die

Mützen ab und brachten das Gemälde über Umwege in einer später als Rettung bezeichneten Aktion nach Russland, wo man es wie Hunderte andere Beutekunst-Bilder zehn Jahre lang unter strenger Geheimhaltung versteckte, bis Nikita Chruschtschow nach Stalins Tod die Rückgabe beschloss. Zunächst durfte die Madonna sich in der Nationalgalerie Berlin der Staatsführung zeigen, von wo sie bald nach Dresden zurückkehrte.

Keine Frage, die *Sixtinische Madonna* ist berühmt, berühmter sind nur die zwei pausbäckigen Engel, die sich zu ihren Füßen lässig auf einer Brüstung lümmeln. Sie sind die bekanntesten Engel der Kunstgeschichte und genießen dennoch einen zweifelhaften Ruf. Denn mit den Wissbegierigen kamen auch die Krämerseelen. Der Gegenstand muss wohl noch erfunden werden, der sich nicht mit diesen Engelsgesichtern verkitschen ließe. T-Shirts, Bettwäsche, Papiertaschentücher und Kaffeetassen – na gut; vakuumverpackte Käsescheiben – geschmack-, aber auch harmlos; doch die Engel müssen auf Postkarten Zigaretten rauchen, sind auch für Kondome und Schwangerschaftstests gut oder glotzen romantisch von einer Backmischung für Erotik-Brot. Wahrscheinlich würde noch der eingefleischteste Vegetarier schwach, würde man nur Raffaels Unschuldsengel auf die Blutwurstpelle drucken. Selbst zu DDR-Zeiten, als mancher Engel im Funktionsdeutsch politisch korrekt zur geflügelten Jahresendfigur mutieren sollte, blieben die Engel, was sie sind. Übrigens hat sich dieses Wortungetüm, anders, als manche DDR-Museen und einschlägige Ostalgielexika uns heute einreden wollen, im allgemeinen Sprachgebrauch nie durchgesetzt. Würde mir heute ein Engel begegnen, fiele mir wahrscheinlich eher ein Begriff ein, den ich neulich in einem anderen Zusammenhang aus westlichen Amtsstuben hörte: Engel sind eine »mobile ethnische Minderheit«.

Als Schutzengel, die Augen nach oben verdreht, würden Raffaels Lausbuben auch auf jeder Hilfsvorrichtung für Himmelsstürmer ein gutes Bild abgeben, auf einer Seilbahn zum Beispiel. Die erste für den Personentransport genutzte Seilbahn Europas würde man vielleicht in der Schweiz vermuten. Aber sie steht nicht einmal in der Sächsischen Schweiz, sondern im Dresdner Stadtteil Loschwitz. Technische Pionierleistungen gibt es an den steilen Elbhängen gleich im Doppelpack. Rechts der Grundstraße ziehen die Gondelwagen der 1901 fertiggestellten Schwebebahn ihre schnurgerade Spur über winzigen Fachwerkhäusern und herrschaftlichen Villen, links schlängeln sich die Schienen der 1895 eröffneten Standseilbahn vom Körnerplatz zum Luisenhof auf dem Weißen Hirsch, wo sich die Gutbürgerlichkeit seit Generationen beharrlich in den abschüssigen Elbhang krallt und in leidlich geschützter Privatsphäre der Diktatur des Proletariats zu trotzen versuchte, Refugiumsbürgertum und Lebensstilgruppen nennt das die Wissenschaft heute. Der Volksmund hatte für den Spagat zwischen Selbstverständnis und Anpassungsdruck seine eigenen Formulierungen. Manfred von Ardenne, der am Elbhang das einzige große private Forschungsinstitut der DDR unterhielt, nannte er den »Roten Baron«.

Eigentlich waren aller guten Dinge auch bei den Seilbahnen einmal drei, denn Karl August Lingner hatte sich im Park seiner hoch über der Elbe gelegenen Villa Stockhausen, dem heutigen Lingnerschloss, eine private Kabinenbahn bauen lassen. Nach seinem Tod wurde sie stillgelegt, dafür baute man dem Odol-Fabrikanten ein Mausoleum in den Park, eine Art Refugium der Dresdner Bürgerlichkeit auch das.

Unweit der zwei Seilbahnen steht der Anlass für Dresdens zweiten, wenn auch weitaus kleineren Brückenstreit: das Blaue Wunder. Ich meine damit nicht den Streit, der einst auch um den Bau dieser Brücke entbrannt war und der in den letzten Jahren immer wieder als Argument diente, die Gegner der Waldschlösschenbrücke als ewig gestrig zu diskreditieren. Warum man jene, die Stadtteile Loschwitz und Blasewitz verbindende, Brücke ein Wunder nennt und keinen Elbewitz, ist ebenso unstrittig und eine rein technische Fragestellung. Eine solche

Stahlfachwerkkonstruktion mit einer Spannweite von über 140 und einer Gesamtlänge von 260 Metern musste den Dresdnern am Ende des neunzehnten Jahrhunderts wie ein Wunder erscheinen, schließlich lebte man in Elbflorenz und nicht unterm Pariser Eiffelturm. Aber warum heißt das Wunder »Blau«? Darüber lässt sich auch nüchtern prächtig streiten. Eigentlich, sagen die einen, sei die Brücke ursprünglich grün gewesen, wegen der besseren Anpassung an die Umgebung nämlich. Das Grün sei aus Kobaltblau und Chromgelb gemischt worden, behaupten sie, wobei das Gelb im Laufe der Zeit der Sonneneinstrahlung zum Opfer gefallen sei. Das Blau ein Zufall, ein Witz der Chemie, weiter nichts. Die Gegenseite glaubt im Blau der Brücke eine Anlehnung an die blauen Gardereiter-Uniformen des sächsischen Heeres und damit Vorsatz zu erkennen. Die Aktenlage scheint der blauen Fraktion recht zu geben, aber man wäre nicht in Dresden, würde sich die Gegenseite davon überzeugen lassen. Und wenn doch, so läge der nächste Streit schon in der Luft. Wer nämlich rettete das Blaue Wunder im Frühjahr 1945 vor der Sprengung? Selbst eine rasche Einigung über die ebenfalls strittige Frage, ob eine solche Sprengung überhaupt geplant war, wirft sofort neue Fragen auf. Ein Telegraphenarbeiter und ein Klempnermeister konnten ihre Geschichte, in der sie unabhängig voneinander die Zündkabel zerschnitten haben wollen, so glaubhaft belegen, dass die Stadt sich genötigt sah, beider Namen als Retter auf einer Gedenktafel zu verewigen. Ein anderer konnte nur seine Familie überzeugen, die daraufhin den Ehrentitel auf sein Grabkreuz schrieb. Dem SS-Hauptmann des zuständigen Sprengkommandos, der sich nach eigener Aussage dem Befehl zur Sprengung heldenhaft widersetzt haben will, schenkt sonst keiner Glauben. Ganz gleich, ob die Brücke steht, liegt oder hängt, worüber sich wiederum trefflich streiten ließe – sie ist bis heute blau und ein Wunder sowieso.

Im Grünen Gewölbe sind nicht alle Wunder blau. Grün waren über all die Jahre aber vor allem die Inventarbände aus dem Jahre 1733. Es war das Todesjahr von August dem Starken, als man die Schätze zählte. Da lag die Gründung des ersten öffentlich zugänglichen Museums für angewandte Kunst gerade mal zehn Jahre zurück. Dass die schon unter Herzog Moritz von Sachsen gebauten meterdicken Schlossmauern mit den stilvoll vergitterten Fenstern, hinter denen sich die einstige »Geheime Verwahrung« der kurfürstlichen Schätze verbarg, tatsächlich einmal grün getüncht waren und das Grüne Gewölbe seinen Namen somit zu Recht führte, entdeckte man erst nach dem Zweiten Weltkrieg wieder, als die Wandverkleidungen des achtzehnten Jahrhunderts geborgen wurden. Dennoch werden spontan entschlossene Besucher heute ihr blaues Wunder erleben. Denn um angesichts der Sammlung von Schätzen aus Gold, Silber, Edelsteinen, Bergkristallen, Perlen, Email, Bernstein, Korallen, Elfenbein und Perlmutt vor Neid erblassen zu können, muss man sich lange genug angemeldet haben. Schon in den Anfangsjahren des Museums regelte eine königliche Verfügung den Besuch in Gruppen von bis zu fünf Personen. Wurde der Gast damals aber von einem königlichen Inspektor geführt, der mit einem Trinkgeld zu entlohnen war, ist der heutige Besucher des Historischen Grünen Gewölbes an *ein Zeitfenster von 15 Minuten gebunden*. Das zu öffnen, beginne er am besten einige Wochen vor dem geplanten Besuch, bediene sich dabei eines *gängigen Tintenstrahl- und Laserdruckers*, knicke den zweimal ausgedruckten Strichcode möglichst nicht, verkaufe die so erworbene Eintrittskarte auf keinen Fall weiter, verzichte auf jede *Rückerstattung bei Reiserücktritt,* finde *sich rechtzeitig vor Beginn des Zeitfensters* ein, und schon steht einem Besuch nichts mehr im Wege.

Ein Hauptwerk des Grünen Gewölbes, das sich heute in einen originalgetreu historischen und einen neuen Teil gliedert, ist, wie könnte es anders sein, der über zwei Meter hohe *Obeliscus Augustalis*. Das reich verzierte Herrschermonument ist wie *Das Goldene Kaffeezeug* oder *Der Thron des Großmoguls Aureng-Zeb* mit seinen über fünftausend Diamanten ein Werk des Hofjuweliers Johann

Melchior Dinglinger. Aus dessen Werkstatt stammt auch die Fassung der beiden Mohren, die mit breitem Grinsen je eine Schale kolumbianischer Smaragde schleppen. Die Vorbilder der beiden Diener sollen übrigens »amerikanische königliche Prinzen« gewesen sein und im Besitz eines englischen Kapitäns, bevor sie der sächsische Kurfürst in seinen Hofstaat aufnahm, lutherisch taufen ließ und später der Kaiserin von Russland schenkte. So war er eben, unser starker August, der durchaus auch Humor gehabt haben muss, wie der *Zwerg als Grenadier* und andere Perlfiguren seiner Pretiosensammlung beweisen, vor allem aber die *Schubkarrengruppe mit Allegorie der Gefräßigkeit*, deren Insasse der Körperfülle des Herrschers mehr entspricht als jedes Porträt oder Denkmal.

Es fällt schwer, aus der Fülle der Schätze einzelne Werke besonders zu würdigen, zumal ich, wenn ich durch den historischen Teil des Grünen Gewölbes gehe, wo viele Stücke offen auf Konsolen stehen, sofort den mitleidsvollen Klageruf meiner Großmutter im Ohr habe: »Die Arme, die hier Staub wischen muss!« Vermutlich hätte sie auch nicht eingesehen, warum man ausgerechnet in eine Kokosnuss Szenen aus dem Alten Testament schnitzen oder der Daphne eine so riesige Koralle ins Haar stecken muss. Außerdem gehören Muskatnüsse und Pfefferkörner in die Küche und nicht in eine kurfürstliche Kunstkammer! Dem Kirschkern aber, den der Reichspfennigmeister Christoph von Loß 1589 seinem Kurfürst Christian I. von Sachsen zum Geschenk machte, hätte ihre Hochachtung gegolten. 185 menschliche Gesichter sollen den Kirschkern zieren; auch wenn man im Laufe der Zeit immer mal wieder nachzählen und die Zahl nach unten korrigieren musste – als Wunder taugt er immer noch.

August der Starke übrigens wurde als polnischer König in Krakau beigesetzt. Sein Herz aber wurde in einer silbernen Kapsel und seinem Wunsch entsprechend nach Dresden gebracht. Man könnte es sich im Grünen Gewölbe vorstellen oder in den Kellerregalen des Deutschen Hygiene-Museums, doch es liegt an der Biegung des Flusses, in der Gruft der Katholischen Hofkirche.

6.

Malerwege und Treidelpfade oder Dresdens feierliche Lage

Ich habe lange damit gewartet, aber einmal muss es gesagt werden: Dass ich nun schon fast dreißig Jahre in Dresden lebe und es noch immer hier aushalte, hat gewiss viel mit der Stadt zu tun, mehr aber mit ihrer Lage und noch mehr mit der Umgebung. Diese und nicht die Stadt selbst hatten schon Heinrich von Kleist fasziniert. Dresden habe *enge Straßen*, schrieb er 1800 etwas skeptisch an seine Verlobte, viel *Leben und Thätigkeit, wenig Pracht und Geschmack. Auf dem Zwinger findet man Pracht, aber ohne Geschmack. Das kurfürstliche Schloß selbst kann man kaum finden, so alt und russig sieht es aus.* Mit Verlaub, Herr von Kleist, rußig war es wohl nicht, das Dresdner Schloss hat Patina! Vielleicht macht Sandstein wirklich weich, vor allem aber ist er es, und das lässt ihn im Laufe der Zeit schwarz werden. Das wird auch der heute noch blassen Frauenkirche nicht anders ergehen.

Schon ein Jahr später aber kam Kleist ins Schwärmen. *Dreßden hat eine große, feierliche Lage, in der Mitte der um-*

kränzenden Elbhöhen, die in einiger Entfernung, als ob sie
aus Ehrfurcht nicht näher zu treten wagten, es umlagern.
Der Strom verlässt plötzlich sein rechtes Ufer, und wendet
sich schnell nach Dreßden, seinen Liebling zu küssen. ... *Er*
wendet sich bald zu dem rechten bald zu dem linken Ufer, als
würde die Wahl ihm schwer, und wankt, wie vor Entzücken,
und schlängelt sich spielend in tausend Umwegen durch das
freundliche Thal, als wolle er nicht in das Meer ... Ehrfurcht
hatten offenbar nicht nur die Elbhänge, sondern auch die
Dresdner Architekten und Stadtplaner, oder besser, deren Kritiker, die man heute so gern »Bedenkenträger«
schimpft. Sie verhinderten, dass man dem Fluss zu nahe
trat, sondern Platz blieb für ausgedehnte Wiesen und
Auen an den Ufern. Und das mitten in der Stadt! Schon
nach der Bauordnung von 1660 durfte in Dresden *nicht*
der Stadtzierde zuwider oder dem Nachbarn zum Schaden
gebaut werden, und Ende des neunzehnten Jahrhunderts
konnte der Bau einer Hochuferstraße verhindert werden,
blieb der Osten der Stadt *für alle Zeiten*, wie man hoffte,
von Fabriken verschont. Damals konnte eine Umzinge-
lung der Stadt durch Eisenbahnlinien verhindert werden, später leisteten die Autobahnbauer dafür ganze Arbeit, und heute droht schon das nächste »Arbeitsplatz-
programm Bauen und Verkehr«. So blickt man jetzt von
der Burg des Dölzschener Gutsbesitzers Beger statt auf
den wildromantischen Plauenschen Grund, dem eins-

tigen Schauplatz prachtvoller barocker Feste und Lieblingsmotiv vieler Maler, auf die A17 und von den drei Elbschlössern irgendwann auf die Waldschlösschenbrücke. Dass aber die Elbauen bis heute weitgehend unbebaut geblieben sind und man noch über die alten Treidelpfade entlang des Flusses gehen kann, muss als große städtebauliche Leistung gepriesen werden. Manchmal liegt die wahre Größe in der Beschränkung. An den Sommerabenden liegen die Dresdner am Ufer ihres Flusses und schauen den Mauerseglern zu, die sich im Gegenlicht der untergehenden Sonne übermütig von den Brücken stürzen und dann, sich im letzten Moment besinnend, majestätisch übers Wasser gleiten. Ihre Jungen ziehen die Vögel im Lärm direkt unter der Fahrbahn groß, als wollten sie all die Romantiker auf den Wiesen dann doch Lügen strafen. Vermutlich sind die Mauersegler auch am Pieschener Hafen taub, wo die Jugend Lido oder Copacabana spielt, und wer möchte schon über das Hörvermögen von Schafen spekulieren, die manchmal auf den Elbwiesen mit Canaletto-Blick weiden?

Wenn nicht einmal der Fluss ins Meer will, sollte man auch als Mensch bleiben. Oder ihn, der ja doch nicht anders kann, ein kleines Stück auf seinem Weg begleiten. Elbabwärts also mit dem Dampfer, vorbei an den linkselbischen Tälern mit den Schlössern von Scharfenberg, Batzdorf und Siebeneichen auf der Höhe, vorbei an Radebeul, wo die Villen Namen wie Wackerbarths Ruhe und Haus Sorgenfrei tragen. In einer der Villen, dem Hohenhaus, heirateten Gerhart Hauptmann und zwei seiner Brüder nacheinander drei Töchter des vermögenden Wollgroßhändlers Berthold Thienemann. Was den Sohn eines Bahnhofswirtschaftsbetreibers zwar eine Weile finanziell sorgenfrei machte, letztlich aber nicht glücklich; die Ehe mit der *sehr bleichsüchtigen* Marie kam rasch in die Krise und wurde trotz *der gütigen Anmut ihres Betragens* geschieden. Der Nobelpreis schlug deshalb nicht in Radebeul ein.

Also weiter bis Meißen mit seinem Dom und der Porzellanmanufaktur und dann vielleicht noch ein kleines Stück nach Diesbar-Seußlitz, wo an den rechtsseitigen Elbhängen der sächsische Wein wächst. Sächsischer Wein? Sächsischer Wein! Obwohl ein Dresdner den Bierdeckel erfand und Sachsen in Sachen Bierkonsum einen vorderen Rang einnimmt – schon Iwan Turgenjew behauptete, in den Adern der Dresdner fließe *kein Blut, sondern der dichte Niederschlag eines schlechten Getränks, bekannt unter dem Namen Bier* –, dass hier auch Wein wächst, und zwar seit fast neunhundert Jahren, muss man keinem Sachsen sagen. Aber es sind nicht alle Leser Sachsen, manche außerdem noch immer allein mit dem Bocksbeutel gepudert und nicht bereit, den Wein des Elbtals zur Kenntnis zu nehmen. Zugegeben, der sächsische Wein macht sich außerhalb Sachsens rar. Denn auch wenn der Klimawandel uns den Titel nördlichste Weinlage Europas längst genommen hat – mittlerweile sollen sie ja schon in Berlin-Kreuzberg und Mecklenburg-Vorpommern Reben pflanzen und bald vielleicht sogar an Norwegens Fjorden –, das kleinste Weinbaugebiet, das diesen Namen verdient, sind wir in Deutschland immerhin noch. Man kann sich auch Minimalismen rühmen. Fast die Hälfte der gut dreihundert Hektar Anbaufläche, die sich, von Bruchsteinmauern terrassiert, die Hänge hinaufziehen, befindet sich im Besitz von über tausend Klein- und Hobbywinzern, die nach der Kunst des Weinbaus in ihren Weinstuben und Besenwirtschaften inzwischen auch die Kunst des Weinausschanks gelernt haben. Wenn man Müller-Thurgau, Weißem und Grauem Burgunder, Riesling und Traminer von der Elbe etwas vorwerfen kann, dann allenfalls den hohen Preis. Der heimische Wein dürfte also schuldlos sein, wenn alkoholbedingte Leberschädigung heute die häufigste Todesursache bei sächsischen Männern im besten Alter ist. Der Preis allein ist aber gewiss noch kein Gütesiegel, doch inzwischen hat sogar der »Johnson« den »echten Charakter« des Elbweins erkannt, und Stuart Pigott schwärmt in seinem *Kleinen genialen Weinführer* zum Beispiel vom rätselhaften und unangepassten Geschmack der Weine des Pillnitzer Weinguts Zimmerling. Vorsicht, möchte man am liebsten rufen, nicht so viel Aufhebens, damit die EU nichts von dieser rätselhaften Unangepasstheit mitbekommt und ihre Kommissare ausschickt. Rätselhaft und unangepasst, solche Eigenschaften sind mir schon im Allgemeinen liebenswert, aber wenn man sie auch noch, veredelt um einige Prozente, im Glas haben kann, umso besser.

Das Weinbaugebiet erstreckt sich auch in die andere Richtung, elbaufwärts also, an den Hängen der drei Elbschlösser im Stadtgebiet ebenso wie in Wachwitz und Pillnitz, wo das Lustschloss Augusts des Starken die Elbe säumt und mit seiner Freitreppe, die Theodor Däubler als *Die Treppe zum Nordlicht* dichterisch verklärte, bis ins Wasser reicht. In Pillnitz konnte der König, der auch hier nicht alle seine gigantomanischen Pläne umsetzen konnte, wenigstens vom Canale Grande träumen und seine Gondel in die Elbe lassen. Irgendwie wird man den Eindruck nicht los, die sächsischen Herrscher hätten sich immer aus Sachsen weggeträumt. Da wollte natürlich das aufstrebende Bürgertum auch nicht zu Hause bleiben, manche behaupten sogar, es sei ein Dresdner Reisebüro gewesen, das als Erstes die Gondeln auf Venedigs Kanälen für den Tourismus nutzte. Sempers Pläne, vor dem Zwinger ein »antikes Forum« mit Bauten wie auf der Piazetta von Venedig zu schaffen, scheiterten noch, dann aber ließ Freiherr Eugen von Gutschmid für die Daheimgebliebenen Mitte des neunzehnten Jahrhunderts wenigstens die

Nachbildung eines venezianischen Palazzo ans Terrassenufer bauen, bis auch dieser Traum 1945 ausgeträumt war. Nur der Kahnfahrer auf einem Gemälde von Carus stößt sein Boot auf ewig vom Neustädter Ufer ab und hält auf eine Silhouette zu, die mit ihren Kuppeln und Türmen so fern liegt, als rudere er über die Lagune. *Venedig ist die Maske von Dresden*, schreibt Harry Mulisch noch im zwanzigsten Jahrhundert.

August der Starke aber konnte in Pillnitz, wie am Japanischen Palais in der Stadt, auch seine Vorliebe fürs Fernöstliche in pagodenartig geschwungenen Dachformen und Illusionsmalereien verwirklichen, was Semper später wenig respektvoll eine *geistlose Nachahmung des chinesischen Zopfes* nannte. Im Schlosspark steht eine Kamelie, die echt ist und als die älteste ihrer Art in Europa gilt, zumindest nördlich der Alpen. Einer der zahlreichen Legenden nach sollen vier Exemplare Ende des achtzehnten Jahrhunderts in Kübeln aus Asien gekommen sein, drei davon gingen nach Hannover-Herrenhausen, Schönbrunn bei Wien und Kew Gardens bei London, wo sie irgendwann eingingen, während die in Pillnitz 1801 anlässlich der Geburt des späteren Königs Johann ins Freie gepflanzt wurde und noch immer Jahr für Jahr ihre roten Blüten treibt. Das wird sie hoffentlich auch in Zukunft tun, wenn eifrige Wissenschaftler die Legenden ihrer Herkunft mit molekulargenetischen Methoden entzaubert haben und die Pillnitzer Kamelie über einen astreinen Stammbaum nebst lückenloser Transportpapiere verfügt.

In der Gegend um Pillnitz hatten Carl Maria von Weber, Carl Gustav Carus und Richard Wagner ihre Sommerhäuser. Wo, wenn nicht hier, ist der oft und zu Recht gerühmte Dreiklang von Stadt, Hang und Strom noch zu spüren? Die Hänge und Uferwiesen, die Villen und die Elbdörfer, der Fluss: Wo, wenn nicht hier, will man die Romantiker begreifen? Es sei denn, man arbeitet für die Stadtverwaltung, dann geht es auch in der romantischen Gegend um Pillnitz eher darum, *durch geeignete Instrumente der Besucherlenkung die Verweildauer zu erhöhen und die Wertschöpfung zu verbessern.*

Wer freilich mit der S-Bahn Richtung Südosten fährt, erlebt noch immer das Kontrastprogramm, einen Trip durch die Trümmerlandschaft sozialistischer Großbetriebe, die das Elbwasser jahrzehntelang auf ihre Weise nutzten. Von 1989 bis 1992 ging die Zahl der Beschäftigten im produzierenden Gewerbe auf fast die Hälfte zurück, ein Schwund, der vom Anstieg der Arbeitsplätze in der Kredit-, Versicherungs- und Dienstleistungswirtschaft nicht ausgeglichen werden konnte. Vom späteren Aufschwung profitierten links und rechts des Bahndamms vor allem die Abrissunternehmen, während die neuen Industrieparks und Verkehrswege die Wiesen und

Felder des Umlandes fraßen und sich in die Dresdner Heide schlugen.

Also lieber auf dem Schiff sitzen, knapp überm Elbpegel, von wo aus der Blick sich an den Uferzonen bricht, und weiter Richtung Böhmen, über Pirna bis in die Sächsische Schweiz, aus deren Steinbrüchen das Material stammt, das Dresden so geprägt hat. Robert Sterl hat die Arbeit der Steinbrecher in seinen Bildern festgehalten. Die Maler in der Sächsischen Schweiz wären ohnehin ein eigenes Kapitel. Carl Gustav Carus, Johann Alexander Thieme, Adrian Zingg, Ernst Ferdinand Oehme, Karl Blechen, Johan Christian Clausen Dahl, Ludwig Richter. Der Malerweg wurde 2007 zum »Schönsten Wanderweg Deutschlands« gewählt. Denn auch wenn das Elbsandsteingebirge heute sowohl Naherholungsgebiet der Dresdner als auch Reiseziel vieler Touristen ist und sich die Reisebusse schon bis zur Bastei vorkämpfen, das Gebiet ist längst Nationalpark, und man kann sie noch finden, die einsamen, kühlen Täler und Gründe, die zerklüfteten Wände und bizarren Felsformationen, die stillen Hochplateaus und die Wege über die freien, von alten Obstbäumen gesäumten Felder oder die Märzenbecherwiesen im Polenztal. Man kann sie noch gehen, die Malerwege und Diebssteige, die Höllen- und Teufelsgründe, die Hirschstangen, Amselgründe und Katzenkopfwege, kann noch immer durch die *Felsenschlucht* Caspar Da-

vid Friedrichs klettern oder sich fühlen wie *Der Wande-*
rer über dem Nebelmeer.

Für eine dieser engen Schluchten, die der Wande-
rer über Leitern durchsteigt, hat sich der Name Wolfs-
schlucht eingebürgert. Vielleicht haben sie tatsächlich
an diese Schlucht gedacht, der Direktor der Deutschen
Oper am königlichen Hoftheater, Carl Maria von Weber,
und sein Librettist, der Dresdner Dichter Friedrich Kind.
Der Freischütz wurde überaus populär, und zehn Jahre
nach der Uraufführung stieg der dänische Märchendich-
ter Hans Christian Andersen durch die Schlucht und rief
ergriffen: »Hilf, Samuel!« Der Hilferuf wurde nur teil-
weise erhört. *Die Damen wurden nun in Tragstühlen den*
Felspfad hinangetragen, wir anderen trugen uns selbst.

Mag Dresden schon geografisch begünstigt sein, eine
Gier nach Schönheit hat diese Landschaft weiter geformt.
In welche Richtung es einen von Dresden aus auch trägt,
man kann dieser Schönheit nicht entkommen, auch wenn
heute eine partielle Blindheit dabei ganz hilfreich, ja ge-
radezu notwendig ist. Dresdens Umgebung, das ist das
ausgedehnte Waldgebiet der Heide vor der Tür, sind das
inmitten eines künstlich angelegten Teiches liegende Ba-
rockschloss Moritzburg im Norden und Schloss Nöthnitz im Süden, wo Johann Joachim Winckelmann als Bib-
liothekar des Grafen von Bünau wirkte und angesichts der
in Dresden gesammelten Antiken die klassische Kunst

zum Maßstab erhob. Großsedlitz, eine der eigenwilligsten Konzeptionen barocker Gartenkunst in Deutschland, wäre ebenso zu nennen wie die vielen Schlösser und Herrensitze des sächsischen Landadels. Das Schönfelder Hochland, die Lomatzscher Pflege, der Tharandter Wald, der Rabenauer Grund, das Seifersdorfer Tal – wer diese Wahl hat, kann sich freuen.

Dresden hat eine feierliche Lage. Manchmal stehe ich auf einer der Höhen unter Caspar David Friedrichs *Abendstern*. Die Stadt liegt mir zu Füßen, die Türme, der Fluss, der sich durchs Lichtermeer schlängelt und doch weiter muss. Man sollte die Augen schließen und auf Novalis hören. *Wo gehen wir denn hin? – Immer nach Hause.* Vielleicht, denke ich, macht Sandstein wirklich weich. Und dann jammert unten in der Stadt irgendwo ein Martinshorn, und ein Landwurm aus Rücklichtern kriecht über die Autobahn den Gegenhang hinauf.

7

War da noch was? oder
Ein schwarzer Abgesang

In Dresden ist nahezu alles berühmt. Sogar der Schlachthof im Ostragehege. Das *Große Gehege* selbst hat Caspar David Friedrich gemalt, und der von Hans Erlwein gebaute Schlachthof ist in die Weltliteratur eingegangen. Unter den hundertfünfzig amerikanischen Kriegsgefangenen, die die Bombardierung Dresdens in einem Fleischkeller überlebten, war der Schriftsteller Kurt Vonnegut, der sich bei seiner Ankunft in der *erhabenen, märchenhaften und absurden* Stadt zunächst wie in einem Freilichtkino gefühlt hatte und seine filmreifen Erlebnisse später im Roman *Schlachthof 5 oder Der Kinderkreuzzug* niederschrieb.

Manches ist in Dresden aber auch nur absonderlich. Zum Beispiel die Chaisenträger. Dass man die Damen und manchen Herrn im achtzehnten und frühen neunzehnten Jahrhundert mit Sänften durch die Straßen trug, mag auch an anderen Orten hinlänglich belegt sein. In Dresden aber taten die Chaisenträger noch ihren Dienst, als längst schon die elektrische Straßenbahn mit ihren gelben Wagen zwischen Schlossplatz und Schillerplatz verkehrte, was den Spöttern unter den Dresdenbesuchern natürlich reichlich Nahrung gab. Sie waren mit ihren kanariengelben Uniformen eher antiquarische Figuren denn Verkehrsmittel, schnitzten vor Langeweile Stiefelknechte und Mäusefallen oder rauchten neue Meerschaumpfeifen an. Sie hatten dieses typische Dresdner Beharrungsvermögen, und selbst wer heute die Gelben Seiten aufschlägt, kann sie noch immer mit Telefonnummer und Internetadresse finden, die altehrwürdigen Ratschaisenträger zu Dresden. Die machen heute in Schwertransporten, und sollten Sie dennoch auf der Straße eine Sänfte sehen, ist es wahrscheinlich nur ein Dixi-Klo. Man sollte darüber nicht die Nase rümpfen, denn auch in dieser Hinsicht hat Dresden einiges zu bieten. Nicht nur, dass die Stadt einmal über die modernste Schwemmsandkanalisation Europas verfügte, sie hat auch den modernsten Abtritt im Beitrittsgebiet. Seit kurzem steht auf der Prager Straße die »weltweit erste Sanitäranlage mit vollautomatischer Rundumreinigung«, das inzwischen mehrfach preisgekrönte WC Tronic 402!

Sollte der Leser, soweit es sich nicht um einen geborenen Dresdner oder einen auf andere Weise dauerhaft nach Elbflorenz Gelangten handelt, nun vor Neid erblassen, was ich verstehen könnte, angesichts der keineswegs vollständigen Aufzählung von Dingen, bei denen die Dresdner eher, schneller, besser, größer und beharrlicher als andere waren, einen Superlativ kann ich ihm am Ende nicht ersparen: Dresden war einst die Hochburg der Feuerbestattung! Der Dresdner Mediziner und Freimaurer Friedrich Küchenmeister hatte bereits 1874 die erste Leichenverbrennung durchgeführt, 1876 tagte der erste deutsche Feuerbestattungskongress an der Elbe, und auf Initiative Küchenmeisters wurde 1878 auch das erste deutsche Krematorium gebaut. Nicht in Dresden, da wurde das Verbrennen von Leichen erst 1906 gesetzlich erlaubt, sondern in Gotha, was die Dresdner einigermaßen verärgert haben muss, sodass sie 1911 auf dem Johannisfriedhof in Tolkewitz ein Krematorium bauten, das als eines der bedeutendsten Jugendstil-Monumentalbauten Deutschlands gilt. Warum aber Dresden? Wurde hier mehr und schneller gestorben als anderswo? Waren die Friedhöfe voller? Womöglich liegt dieser Pionierleistung pure Angst zugrunde, war doch vier Jahrzehnte vor Küchenmeisters ersten Experimenten ein Buch mit dem schönen Titel *Charaktergemälde von Dresden, grau in grau; für alle welche die Elbresidenz bewohnen oder kennenzulernen wünschen, aufgestellt von Janus* erschienen. Dieser Janus, hinter dem sich der Autor Hermann Günther Meynert versteckte, hatte kein gutes Haar am Benehmen der Dresdner gelassen. Er hatte sie, bevor er sich vom hiesigen *Marktflecken* nach Wien absetzte, übel beschimpft, als *süßlich-dummen, lächerlich-pathetischen, unleidlichen Plebs*, und seine Tiraden in einer fürchterlichen Drohung gipfeln lassen. Man sollte den Dresdner *totschlagen und nach tausend Jahren wieder einmal erwecken, um ihn von neuem totzuschlagen, wenn er sich dann noch immer nicht anders ausnehmen und aufführen will.* Dann also doch lieber eine Einäscherung!

Ursprünglich wollte ich das Buch mit dem Aufruf »Kommen Sie nach Dresden!« schließen, was ich mir aber an dieser Stelle natürlich verkneife, weshalb das Buch auf andere Weise zu Ende gehen muss.

Vielleicht hätte ich ganz anders beginnen müssen. Mit dem Jahr 1548 zum Beispiel, als unter Moritz von Sachsen die Hofcantorey gegründet und damit der Grundstein für die Sächsische Staatskapelle, eines der ältesten, kontinuierlich bestehenden Orchester, gelegt wurde. Oder mit dem Jahr 1615, als Heinrich Schütz als Leiter der gesamten Hofmusik nach Dresden berufen wurde, wo er mit längeren Unterbrechungen bis zu seinem Tod wirkte. Jahrzehnte, in denen er das künstlerische Niveau der Hofkapelle hob und ihr zu europäischer Geltung verhalf, die Strukturen reformierte und eine umfangreiche Lehrtätigkeit aufnahm. Oder mit Richard Strauss, der neun seiner Opern in Dresden uraufführen ließ, weil er hier mit jener Sächsischen Staatskapelle ein Orchester vorfand, das seinen Klangvorstellungen entsprach. Überhaupt: Dresden als Musikstadt, was wäre das für eine Ouvertüre gewesen! Johann Adolf Hasse, Carl Maria von Weber, E. T. A. Hoffmann, Richard Wagner, Robert Schumann und Clara Wieck. Die Philharmonie, die Oper, der schon im dreizehnten Jahrhundert gegründete Kreuzchor, die Tanzschule von Gret Palucca bis hin zu den heutigen Musikfestspielen, den vielen Jazzern von Rang und dem jährlichen Dixieland-Festival, das natürlich das älteste kontinuierlich stattfindende Traditional Jazzfestival in Europa ist und wahrscheinlich das größte außerhalb des Dixie-Landes überhaupt. Nur die großen Rockstars warten mit ihrem Auftritt noch immer bis zur Rockerrente. Kein Wunder, wenn in Dresden sogar das Papier zu singen begann! Das war, als der Ingenieur Fritz Pflaumer einen Papierstreifen mit Metallpulver beschichtete und damit das erste Tonband erfand. Aber wir sind in Dresden, und da kann selbst die Musik für reichlich Misstöne sorgen. Grund der aktuellen Verstimmung ist der geplante Umbau des von Denkmalpflegern als *großartiges Dokument der Nachkriegsmoderne* geschätzten Kulturpalastes. Der Philharmonie-Intendant wünscht sich darin einen modernen Konzertsaal für sein Orchester, was die Komiker, Schlagersänger und Volksmusikanten um die Multifunktionalität des Hauses und damit ihre Auftrittsmöglichkeiten fürchten lässt und in eine Allianz mit dem Chefdirigenten der Staatskapelle treibt, der den Neubau eines Konzerthauses favorisiert, den der Kulturbürgermeister der Kunst- und Kulturstadt wiederum – Tusch und Trommelwirbel – nicht einmal geschenkt haben möchte. »Und so sehen wir betroffen, den Vorhang zu und alle Fragen offen.«

Vorhang zu? Blende auf! Vielleicht hätte ich mich nicht auf meine Erinnerungen verlassen und einfach blind drauflosschreiben dürfen. Ich hätte nur ein Auge zukneifen müssen und ein Bild an den Anfang setzen sollen. Ein Bild, aufgenommen natürlich mit Ernemanns legendärer Ermanox oder mit der Kine Exakta aus den Dresdner Ihagee-Kamerawerken, der weltweit ersten einäugigen Kleinbild-Spiegelreflexkamera. Zeiss-Ikon war schließlich einst der größte europäische Kamerahersteller, und die Aufnahmen der Dresdner Fotopioniere wie Hugo Erfurth, August Kotzsch, Hermann Krone oder Edmund Kesting hätten genug Material geboten.

Aber Sie sehen ja, dieses Buch ist ohne Fotos erschienen. Es ist zu dick, um es mit der Tinte aus der Firma Barock zu schreiben, und zu dünn, um beim Speichern des Textes die Dienste des vom Zentrum Mikroelektronik Dresden entwickelten ersten Megabit-Speichers der DDR, geschweige denn eine der späteren Erfindungen aus Silicon Saxony in Anspruch nehmen zu müssen. Was die Wirtschaft betrifft, wird Dresden heute gern als

Leuchtturm bezeichnet, als Leuchtturm, der weit in die Umgebung strahlt. Den Statistikern ist auch da kein Fehler nachzuweisen, nur den Fernsehturm, den der Jugendliche von einst wie eine ferne Verheißung sah, hat die Telecom inzwischen für die Öffentlichkeit gesperrt.

Damit hatte alles begonnen, damit und mit dem Verdacht eines Kindes, Dresden könnte es gar nicht geben. Reiseführer enden mit Kapiteln, die Überschriften wie »Bloß nicht!« und »Was sie auf keinen Fall tun dürfen!« tragen oder genau wissen, was man auf keinen Fall versäumen darf. Zum Glück ist dies kein Reiseführer, denn ich weiß das alles nicht. Nur eines weiß ich: Glauben Sie dem anfangs vorgestellten Kind bloß nicht, kommen Sie nach Dresden und suchen sie die Stadt. Glauben Sie von mir aus Dostojewski, der riet, nach Dresden zu emigrieren, nicht auf eine einsame Insel. Oder noch besser dem österreichischen Satiriker Moritz Gottlieb Saphir. Bei einem bevorstehenden Weltuntergang wollte der nach Dresden gehen, wo dieses Ereignis sicher dreißig Jahre später eintreten werde.

Register

Adler, Paul 75
Alaunplatz 71
Alaunstraße 70, 72
Albertinum 98
Albert, König von Sachsen 60, 97
Albertplatz (Platz der Einheit) 47, 60 f., 63, 80, 120
Altendresden 60
Altmarkt 48, 50, 97
Altstädter Wache 90
Am Kirschberg 30
Andersen, Hans Christian 140
Andreas-Salomé, Lou 75
Antikensammlung 27
Antiquariat Dienemann 62
Appia, Adolphe 74
Ardenne, Manfred von 125
Artotel 94
Asisi, Yadegar 38
Augustusbrücke 38 f., 83, 120
Augustusstraße 84
Äußere Neustadt 36, 59 f., 66, 70, 72 f.

Äußerer Katholischer Friedhof 109

Bahnhof Neustadt 57, 65, 69, 79, 92
Bähr, George 38, 47, 83
Bakunin, Michail 42–44, 122
Baldini 115
Balducci 115
Bärenzwinger 31
Barlach, Ernst 90, 93
Barock, Firma 10, 45, 148
Bastei 139
Batzdorf 133
Bautzner Straße 36, 56
Becher, Johannes R. 47
Beckett, Samuel 27, 93
Beger, Johann Gottlieb 132
Bellotto, Bernardo, genannt Canaletto 38 f., 89, 93, 133
Bentz, Melitta 32
Biedenkopf, Kurt 35, 99
Blasewitz 63, 81, 125
Blaues Wunder 95, 125 f.

Blechen, Karl 139
Blobel, Günter 16, 100
Böttger, Johann Friedrich 103 f.
Boxdorf 106
Bremer Straße 109
Brühl, Heinrich von 87
Brühlsche Terrasse
87–91, 93, 96, 98
Buber, Martin 75
Bünau, Graf von 140
Bunte Republik Neustadt
68, 73
Burg Stolpen 86
Burkhardt, Johannes 79
Busch, Fritz 114

Café Prag 115
Café Toskana 115
Canaletto-Blick 38 f., 89, 133
Carolaplatz 107
Carus, Carl Gustav
97, 122, 137–139
Casanova, Giacomo 96
Casanova, Giovanni
Battista 96
Centrum-Warenhaus 29
Chaisenträger 143
Chiaveri, Gaetano 38, 83
Christian I.,
Kurfürst von Sachsen 130
Christiane Eberhardine,
Kurfürstin von Sachsen 87
Chruschtschow, Nikita 123
Claudel, Paul 74
Compagnie Laferme 39

Cosel, Anna Constanze von
34, 86
Cosel, Friedrich August 86 f.

Dahl, Johann Christian
Clausen 139
Dampfer 81, 133
Däubler, Theodor 136
Dehio, Georg 44
Demeter, Peter 74
Deutsch, Ernst 77
Deutsches Hygiene-
Museum 118, 120 f., 130
Deutsche Werkstätten 73, 76
Diesbar-Seußlitz 134
Dietz, Robert 61
Dinglinger, Johann Melchior 129
Dixieland-Festival 147
Dix, Otto 93, 120
Dohrn, Wolf 73
Dölzschen 30
Dostojewski, Fjodor
Michailowitsch 22, 111, 149
Dresdner Eierschecke 114 f.
Dresdner Sportclub 16
Dresdner Stollen 8 f., 19, 92, 115 f.
Dynamo Dresden 16

Ehrenmal der Sowjetarmee 61
Ehrenstein, Albert 78
Eichbusch 106
Elbe 12, 28, 34, 39, 41, 48, 52,
57, 59, 77, 81, 87, 96, 105, 108, 125,
132 f., 135 f., 145
Elbflorenz 26 f., 51, 112, 126, 144

Elbschlösser 133, 136
Elbwiesen 132 f., 138
Erfurth, Hugo 148
Erlwein, Hans 34, 143
Ernemann, Carl Heinrich
  Alexander 148
Europäisches Zentrum
  der Künste 75

Fabricius, Daniel 120
Feldschlösschenbrauerei 28
Felixmüller, Conrad 93
Fernsehturm 10, 22, 149
Festung Königstein 43 f., 103
Flughafen 21
Forsythe, William 75
Foster, Norman 57
Frauenkirche 12, 21, 33, 35, 38,
  47, 56, 83, 86, 100, 106, 131
Fried, Erich 31
Friedrich August III.,
  König von Sachsen 18, 98
Friedrich August III.,
  Kurfürst = Friedrich August I.,
  König von Sachsen 98
Friedrich August II., Kurfürst
  von Sachsen = August III.,
  König von Polen 83, 87, 105
Friedrich August I., Kurfürst
  von Sachsen, der Starke
  = August II., König von Polen
  40, 60, 82 f., 85, 87 f., 94, 98 f.,
  103, 104 f., 116, 127, 130, 137
Friedrich, Caspar David
  93, 140, 141, 143

Friedrich II., König von Preußen
  32, 106
Friedrichstadt 94
Friedrich Wilhelm I.,
  König von Preußen 105
Friese, Eugen Friedrich 13
Fröhlich, Joseph, Hofnarr 34
Fürstenzug 84, 95

Gemäldegalerie Alte Meister
  38, 45, 121
Georgentor 90
Gewandhaus 13
Giorgione 121
Gjellerup, Carl 79
Gläserne Manufaktur 35
Gläserner Mensch 118, 120 f.
Goethe, Johann Wolfgang
  von 25, 41, 43, 122
Goldener Reiter 98
Gorbatschow,
  Michail Sergejewitsch 54
Gorbitz 50, 52
Görlitzer Straße 70
Grass, Günter 29
Grillparzer, Franz 20
Großer Garten 32, 35, 44, 88
Großsedlitz 141
Grünbein, Durs 48
Grundstraße 95
Grünes Gewölbe
  46, 83, 127–130
Gruppe der 20 56 f.
Gustel von Blasewitz 79, 81
Gutschmid, Eugen von 136

Hanke, Ferdinand Wilhelm 113
Hasenclever, Walter 77
Hasse, Johann Adolf 147
Hauptbahnhof
  28, 33, 47, 54 f., 57
Hauptmann, Gerhart
  47, 75, 134
Hauptstraße (Straße der
  Befreiung) 14, 29, 98, 112
Haus Sorgenfrei 134
Heeresbäckerei 112
Hegner, Jacob 74
Hellerau 73, 75 f., 79
Herder, Johann Gottfried
  25, 27, 122
Herwegh, Georg 32
Herzogin Garten 34
Herz, Rudolf 58
Hesse, Hermann 62
Heuss, Theodor 49
Hochwasser 57, 82
Hoffmann, E. T. A. 62, 147
Hofkirche 38, 41, 43, 83, 90, 130
Hohenhaus 134
Holek, Wenzel 76

Ibsen, Henrik 122
Innere Neustadt 60
Italienisches Dörfchen
  41, 90

Japanisches Palais 105 f., 137
Jaques-Dalcroze, Emile 74
Jean Paul 43
Johannisfriedhof 145

Johann, König von Sachsen
  = Philalethes 45, 97, 137
Johannstadt 28, 52

Kafka, Franz 74
Kalenter, Ossip 79
Kamelie 137
Kändler, Johann Joachim 105
Kästner, Erich 47, 56, 80, 106, 112
Kästner, Hugo 66
Katharina II. 87
Kesting, Edmund 148
Kind, Friedrich 140
Kleine Hufeisennase 99
Kleinzschachwitz 63
Kleist, Heinrich von 28, 131
Klemperer, Victor 30
Klengel, Wolf Caspar von 60
Klotzsche 21, 79
Kohlen-Lothar 65
Kohl, Helmut 56
Kokoschka, Oskar 75, 77, 93
Kolb, Annette 75
Konditorei Kreutzkamm 115
Königsbrücker Straße
  (Otto-Buchwitz-Straße) 65, 80
Körner, Christian Gottfried 80
Körnerplatz 124
Körner, Theodor 80
Kornfeld, Paul 77
Kotzsch, August 148
Kreis, Wilhelm 120
Krenz, Egon 56
Kreuzchor 147
Kreuzkirche 42

Krone, Hermann 148
Kronentor 10, 44
Küchenmeister, Friedrich 145
Kugelhaus 32–35, 38
Kulturhochhaus 50
Kulturpalast 14, 29, 48, 147
Kunstakademie
  41, 88, 93, 96, 100
Kunsthofpassage 70
Künstlergruppe Brücke 94
Kupferstich-Kabinett 46

Landgericht 109
Landtag, Ständehaus 93, 98
Lasker-Schüler, Else 75
Laubegast 68
Leipziger Bahnhof 82
Lenin, Wladimir Iljitsch
  55, 57 f.
Lenz, Siegfried 29
Leonhardi-Museum 95
Leonhardt, Rudolf 77
Libeskind, Daniel 14
Lidl 92
Lingner, Karl August 119, 125
Lingnerschloss 125
Liotard, Jean-Etienne 121
Löbtau 84
Loden, August 84
Löffler, Fritz 18
Lomatzscher Pflege 141
Loschwitz 52, 63, 124 f.
Loß, Christoph von 130
Lücken, Ivar von 77 f.
Luther, Martin 19

Malerweg 139
Marcolini, Camillo von 100
Marienallee 30
Marienbrücke 39
Mathematisch-Physikalischer
  Salon 45
Maxstraße 94
May, Karl 107 f.
Meißen 134
Meißner Porzellan
  27, 45, 84, 104
Mendelssohn, Georg de 74
Mengs, Anton Raphael 27
Meynert, Hermann Günther
  115, 145
Milbradt, Georg 99
Militärhistorisches Museum
  14, 61
Mobschatz 106
Moritzburg 39, 94, 140
Moritz, Kurfürst
  von Sachsen 127, 146
Mulisch, Harry 137
Münchner Platz 109
Münzkabinett 46
Museen für Vorgeschichte
  106
Museum für Völkerkunde
  106
Musikfestspiele 147
Muthesius, Hermann 74
Mutter Nachtwey 77

Neill, Alexander Sutherland 74
Neugebauer, Alfred 31

Neumarkt 12, 60, 91, 121
Neustädter Markt 60
Nöthnitz 140
Novalis 141

Odol 119, 125
Oehme, Ernst Ferdinand 139
Operette 14
Ostraallee 94
Ostragehege 143

Palucca, Gret 147
Penck, A. R. 94
Permoser, Balthasar 44
Peters, Richard 47
Pflaumentoffel 117
Pflaumer, Fritz 147
Pfund, Paul Gustav
  Leander 36
Pfunds Molkerei 36 f., 70
Pieschener Hafen 68, 133
Pigott, Stuart 135
Pillnitz 86, 97, 135–138
Pinthus, Kurt 77
Pirna 139
Pirnaischer Platz 48
Plauenscher Grund 132
Pöppelmann, Matthäus
  Daniel 38, 42, 44
Porzellansammlung 45, 106
Postplatz 29, 50
Prager Straße 48, 56, 144
Prohlis 50, 52, 73
Provianthofstraße 112
Prutz, Robert Eduard 32, 115

Putin, Wladimir 112
Puttkamer, Jesco Leo
  Constantin von 13

Quartier F 12

Rabenauer Grund 141
Radeberger Bier 29, 40
Radebeul 52, 107, 134
Raffael 122, 124
Rampische Gasse 48
Rathaus 47, 110
Redam, Ewald 110
Reick 38, 50, 52
Reimann, Hans 22
Reinhardt, Max 75
Repnin-Wolkonski, Nikolai
  Grigorjewitsch 88, 111
Residenzschloss
  46, 50, 90, 127, 131
Richter, Gerhard 120
Richter, Ludwig 23, 117, 139
Riemerschmid, Richard 74
Rietschel, Ernst 93, 98
Rilke, Rainer Maria 74
Rubens, Peter Paul 121
Rudolph, Wilhelm 93
Russisch Brot 111, 113
Rüstkammer 45, 85

Sächsische Landesbibliothek 30
Sächsischer Wein 134
Sächsische Schweiz 124, 139
Sandstein
  23, 25, 28, 34, 131, 139, 141

Saphir, Moritz Gottlieb 149
Sarrasani 107 f., 110
Scharfenberg 133
Scheune 72
Schiller, Friedrich 25, 80 f.
Schillerplatz 81, 115, 144
Schillerstraße 80
Schlachthof 143
Schlegel, August Wilhelm 122
Schlegel, Caroline 122
Schlossplatz 90, 98, 144
Schmidt, Karl 73 f.
Schönfelder Hochland 141
Schön, Helmut 16
Schopenhauer, Arthur 122
Schröder-Devrient,
  Wilhelmine 42
Schubert, Andreas 81
Schuch, Ernst von 114
Schullwitz 106
Schumann, Robert 147
Schützenhöhe 112
Schütz, Heinrich 146
Schwarzes Tor 59
Seifersdorfer Tal 141
Seil-, Schwebebahn 124
Sekundogenitur 93
Semper, Gottfried
  31, 41–43, 93, 136 f.
Semperoper
  41, 43, 90, 114, 120, 140, 147
Siebeneichen 133
Silicon Saxony 148
Sixtinische Madonna 83, 122 f.
Sophienkirche 48 f.

Staatskanzlei 110
Staatskapelle 88, 114, 146, 148
Staatsschauspiel 101
Stadtmuseum 14, 94
Stalin, Jossif Wissariono-
  witsch 122
Stallhof 84
Stella, Frank 35
Sterl, Robert 139
Stille Wasser 61
Stosch, Hans 107 f.
Straßburger Platz 35
Strauss, Richard 114, 146
Striezelmarkt 115, 117
Stuck, Franz von 119
Stürmische Wogen 61
Synagoge 30–32

Tal der Ahnungslosen
  22, 51
Taschenbergpalais 34
Technische Hochschule 36
Technische Universität
  28, 109
Tempo-Fritz 91
Tessenow, Heinrich 74
Teuscher, Dr. 77
Tharandter Wald 141
Theaterplatz 40, 43, 45, 89–91
Thieme, Johann
  Alexander 139
Thienemann, Berthold 134
Tieck, Ludwig 97
Tizian 121
Tolkewitz 145

Tschirnhaus, Ehrenfried
   Walther von 103
Turgenjew, Iwan 88, 134
Two-Two, Edward 108

Übigau 81
Ulbricht, Walter 36, 49 f., 76
Unkersdorf 106

Van de Velde, Henry 75
Verkehrsmuseum 91
Vermeer 121
Villa Marie 95
Villa Stockhausen 125
Villeroy & Boch 36
Vonnegut, Kurt 143

Wachwitz 136
Wackerbarths Ruhe 134
Wagner, Herbert 57
Wagner, Richard
   42 f., 138, 147
Waldschlösschenbrücke
   14, 99, 100, 102, 125, 133
Waldschlösschenstraße 102
Wallpavillon 85
Walser, Martin 108
Walter, Wilhelm 84

Weber, Carl Maria von
   41, 138, 140, 147
Weißer Hirsch 124
Weißeritz 57
Weltkulturerbetitel
   14, 99, 101, 121
Werfel, Franz 74
Wieck, Clara 147
Wiener Platz 57
Wigman, Mary 74
Wilsdruffer Straße
   (Ernst-Thälmann-Straße)
   29, 48, 76
Winckelmann, Johann
   Joachim 122, 140

Yenidze 39 f.

Zeughausstraße 30
Zille, Heinrich 51
Zimmerling, Weingut 135
Zingg, Adrian 139
Zitronenpresse 93
Zoo 34
Zweig, Stefan 20, 75
Zwinger 10, 34, 41,
   44–46, 50, 83, 85, 104,
   106, 131, 136